U0694845

Yuanzhen's Poems

知 秋 书 系

半缘修道
半缘君

——元稹诗传

赵悦辉◎著

中国出版集团

现代出版社

图书在版编目（CIP）数据

半缘修道半缘君：元稹诗传 / 赵悦辉著. — 北京：现代出版社，2018.5（2023.7重印）

ISBN 978-7-5143-7055-3

Ⅰ. ①半… Ⅱ. ①赵… Ⅲ. ①元稹（779-831）－传记②元稹（779-831）－唐诗－诗歌欣赏 Ⅳ. ①K825.6 ②I207.227.42

中国版本图书馆CIP数据核字(2018)第096659号

半缘修道半缘君 ： 元稹诗传

著　　者　赵悦辉
责任编辑　杨学庆
出版发行　现代出版社
地　　址　北京市安定门外安华里504号
邮政编码　100011
电　　话　010-64267325 64245264（传真）
网　　址　www.1980xd.com
电子邮箱　xiandai@cnpitc.com.cn
印　　刷　三河市金元印装有限公司
开　　本　880mm×1230mm 1/32
印　　张　8
版　　次　2018年6月第1版　2023年7月第3次印刷
书　　号　ISBN 978-7-5143-7055-3
定　　价　39.80元

版权所有，翻印必究；未经许可，不得转载

目录
CONTENTS

元　　　积　　　诗　　　传

目录
CONTENTS

元　　　積　　　诗　　　传

目录
CONTENTS

元　　　積　　　诗　　　传

第一章

家道中落大厦倾

第一节　拓跋元氏入长安

寥落古行宫，宫花寂寞红。

白头宫女在，闲坐说玄宗。

——元稹《行宫》

大唐，是诗意的化身，是浪漫的代名词，亦是璀璨文化的象征。那人、那诗、那琴声，一段曲、一首诗、一段情，咏唱着有唐一代的诗文与情怀，回荡在历史的长河中。当时间的指针停留在中唐时期，藏身于诗文中的故事就此展开，诉说着诗人元稹的传奇人生。

元稹为北魏宗室鲜卑族拓跋氏后裔，是昭成皇帝拓跋什翼犍子孙。按照旧俗，元稹的名字本应为拓跋稹，因北魏建国后，孝文帝拓跋宏实行汉化政策，太和二十年（496）正月，"春正月丁卯，诏改姓元氏"，元氏便成为鲜卑族拓跋部的汉化姓氏。

北魏为少数民族政权，为显示其正统性，孝文帝下诏迁都洛阳，自此洛阳便成为北魏的帝都，南迁之人便以洛阳人自称，元氏也不例外。北周代替北魏后，一度恢复鲜卑复姓。不过汉化是历史的潮流，顺应则昌。至隋朝，拓跋氏再度改为元姓，直至以后。

北魏至北周，再至隋朝的大一统，朝代的更迭，盛衰的转化，是不可逆转的规律，各大家族亦是如此。从北周的繁荣到隋朝的鼎盛，元積这一家族位居高官者不在少数，"高祖义端，唐、易、魏三州刺史；曾祖延景，岐州参军；祖悱，陈州南顿县丞，赠尚书兵部员外郎。祖妣唐氏，赠晋昌县太君"。或侍中，或刺史，或骠骑大将军，有文官，亦有武职，元氏一族之兴盛、壮大，无须多言。

忠言逆耳，却是任何一个朝代赖以生存的稳固剂。元積的六世祖元岩一生刚正不阿，疾恶如仇。北周时元岩为内史大夫，以敢于直言进谏而闻名，至隋代，官至兵部尚书昌平公。元岩不畏权贵，不图荣华，获得了极高的威望。《隋书·传记》对元岩病逝后的情况有如下记载："上悼惜久之。益州父老，莫不殒涕，于今思之。"皇上为之哀悼不已，百姓为之痛哭流涕，若元岩泉下有知，可无憾矣！

元稹的一生，同样是敢于与权贵作斗争的一生。生于直言敢谏之家，从小便深受先辈精忠报国思想的熏陶，早在少年时期就立下了宏伟的志向。六世祖是元稹心目中的"巨人"，是他学习的榜样。六世祖的抱负与志向，亦是元稹的毕生追求。

只是，伴君如伴虎，辅佐明君，耿直的言行便可获得帝王的青睐与信任而有所作为，如元岩；遇到昏君，结局只能黯然泣下，甚至招致杀身之祸，如元稹。然而，忠臣岂会因个人荣辱而不敢直言？元岩不会，元稹亦不会。

隋文帝杨坚称帝并定都长安后，元岩也从洛阳举家迁至长安。长安，一个引人无限遐想的名词。"长相思，在长安"，长安城，见证了大唐的兴盛与衰败，上演了一幕幕历史传奇。有着深厚底蕴的长安城，弥漫着诗情画意，孕育了多少文学大师。初唐诗人骆宾王、王勃、陈子昂，盛唐诗人李白、杜甫、王维，中唐诗人元稹、白居易、韩愈，晚唐诗人李商隐、温庭筠、杜牧，他们在这座文学的天堂，或高歌一曲，咏唱内心的鸿鹄大志"仰天大笑出门去，我辈岂是蓬蒿人"；或直抒胸臆，讽喻社会的黑暗"朱门酒肉臭，路有冻死骨"；或婉转缠绵，哀叹风花雪月"此情可待成追忆，只是当时已惘然"。

长安城是欢欣的，也是忧伤的；是激昂的，也不无消沉。有过盛世的繁华，亦看过乱世的腐朽。唯一不变的，是融入了诗人骨子里的那份傲气与爱国之心。元稹这颗文星，便降落在这座古老而又多情的长安城。

　　因军功，皇帝赏赐元岩一座恢宏的宅院，而这座位于长安靖安坊的府邸，成为元氏后人的安身之处。元稹，就出生于这座祖宅之中。

　　坐落于长安西北隅的元府内，一片生机盎然。西院花草葱葱，牡丹迎春，鸟儿鸣于树梢。北亭前有两株辛夷树，早春浅紫缀枝头。陪伴了元稹童年的辛夷花，寄托了他的相思之情，在往后的岁月中，时常勾起他的心弦。假山旁边的小溪流蜿蜒向前，鱼儿于水中嬉戏，好不快活自在。

　　年少的元稹，或树下赏花，或溪边游玩，仿若身处极乐之地。在元稹的记忆中，儿时的这段美好回忆让他着迷与神往。只是，往事不堪回首。

　　那一场长达七年多的安史之乱，揭开了大唐王朝由盛转衰的序幕，亦是元氏家族衰落之时。从盛唐至元稹所处的时代，时间不算短，历四十余载，但在元稹看来这不过是刹那的芳华。"寥落古行宫，宫花寂寞红。"昔日夜夜笙歌的行宫，如今一片萧瑟，只有那艳丽的花朵仍旧绽放着，却无人欣赏。"白头宫女在，闲坐说玄宗。"上阳宫中的几位白发苍苍的宫女，百无聊赖之际闲谈唐玄宗的点点滴滴。

"时光容易把人抛，红了樱桃，绿了芭蕉。"孤寂的白发宫女，是唏嘘抑或艳羡唐玄宗与杨贵妃那段凄美的爱情故事？还是怀念自己已经失去的姣好容颜，抑或是自己孤苦伶仃的悲惨境遇？寂寞深宫夜太长，伴着孤灯，数着漏沙，一切尽在不言中。

元稹的一首《行宫》，不过二十字，却字字珠玑，勾勒了一幅意味深长的画面，表达了昔盛今衰之无奈感慨。

这首五言绝句作于唐宪宗元和四年（809），当时元稹身在洛阳，因感于历史沧桑与国事衰弱而作了这首诗。

行宫，即古代帝王出行时的别宫。根据中唐的另一位著名诗人白居易的《上阳白发人》，这些宫女大概是天宝末年被"潜配"到此的。当天生丽质的少女熬成了老媪，在油尽灯枯之际，她们仍旧摆脱不了悲惨的命运。她们见证了唐玄宗时代的兴与衰，她们的悲剧，其实亦是国家的悲剧。

与元稹《行宫》讽刺现实相类似的，除了他的叙事长篇诗《连昌宫词》，还有其至交好友白居易的《长恨歌》。相较于《行宫》的言少意多，长达千字的《连昌宫词》与《长恨歌》，详细论说了唐玄宗时期的治乱兴衰，在浅显易懂的话语间，强烈抒发了今昔盛衰之感。

近代刘永济曾评价《行宫》："此诗可谓《连昌宫词》之缩写。"足见《行宫》一诗的短小精悍。元稹的《行宫》与白居易的《长恨歌》两首诗一短一长，形成了鲜明的对比，同样内涵深刻。瞿佑在《归田诗话》中评论道："《长恨歌》一百二十句，读者不厌其长，微之《行宫》词才四句，读者不觉其短。"不论用词的多与少，都道尽了历史沧桑之情。

元稹一生中写了大量的讽喻诗，白居易亦然。两者齐名为"元白"，响彻了当时的文坛，并造就了一段文人不相轻而情深义重的友谊佳话。《新唐书·元稹传》记载："稹尤长于诗，与白居易相埒，天下传讽，号'元和体'。"志同道合的两个人，同属于现实主义诗人，"文章合为时而著，歌诗合为事而作"，不无病呻吟，用笔墨鞭策统治者的不仁，为老百姓抱不平。

盛唐风光仍旧浮现在时人的脑海里，更与动荡的现实形成对比，让人独增寥落。威震八方的唐王朝不复存在，藩镇割据势力时起反抗，边疆外族时有入侵，此时的朝廷，没能积极处理纷乱政事，却陷于朋党相争之中，只留一番乌烟瘴气的景象。官员腐败不作为，统治者无心政事，国势日渐衰落。国不存，家何在？在这种国势衰微的大背景下，元氏家族亦逐渐衰落。

到了元稹的父亲元宽这一代，仕途并不顺利。元稹的祖父元悱担任南顿丞一职，育有元宽与元宵两个儿子。元宽任职舒王府长吏，元宵则为侍御使，两个人职位都不算高，不过俸禄足够元氏这个大家族的温饱。

元宽字逸之，能诗善文。出身于书香世家的他，自然重视对子女的教育。元宽以"孝先之，俭次之，学次之，政成之"作为家训，既注重子女的道德品行培养，又寄托了望子成龙、继承遗风的愿望。

一个人的成长和成才深受其原生家庭的影响。元稹的母亲郑氏同样出身大族，且知书达理，给予了子女良好的教育。尤其在丈夫逝世后，坚强的郑氏承担了抚养子女的重任。

郑氏为名副其实的大家闺秀，是一位集美貌、德行、母仪于一身的女子。元稹所撰的《姊志》说："我外祖睦州刺史荥阳郑公讳济，官族甲天下。"郑氏是荥阳人，其父身居高职，郑氏一族为荥阳的名门望族。

郑氏并非元宽的原配夫人，而是填房，且夫妻两人的年龄相差二十余岁。他们两人是典型的老夫少妻，然而年龄的悬殊并不影响他们两人的感情。在他们两人有了爱情结晶元稹后，夫妻间的感情变得更为炽热了。

安史之乱后，大唐王朝由盛转衰，"中兴"成为有识之士的追求。然而，朝廷官员互相倾轧成为常态。

　　大历十四年（779），是不平凡的一年。唐代宗李豫因病驾崩，长子李适继位，是为唐德宗。也是在这一年，元宽的幺儿——元稹来到人世间。从此，历史又将怎样书写？

第二节　莫道少年孤且贫

风行自委顺，云合非有期。神哉心相见，无睽安得离。

我有恳愤志，三十无人知。修身不言命，谋道不择时。

达则济亿兆，穷亦济毫厘。济人无大小，誓不空济私。

…………

玉色深不变，井水挠不移。相看各年少，未敢深自悲。

——元稹《酬别致用》

一个人的出生，昭示着新生命的诞生，总让人感到喜悦与充满希冀。每个人的出生是一样的，一样的赤子与纯净，每个人的生命历程却是不同的。或平凡一生，于平淡中感悟人生的喜与悲；或辉煌一生，于成就中实现自己的抱负。不一样的选择，不一样的人生路，但同样可以活得精彩。

那是一个冷雨夜，冰凉的雨滴敲打着砖瓦，谱成一曲时而沉重时而欢快的韵调。长安夜，夜长梦多。在一座古老的府邸，今夜却无人入眠。忙碌的仆人，屋外徘徊不定的府院主人，每个人脸上都呈现出欢喜与忧愁的复杂神情。

在等待中，时间仿若被拉长，以分秒的频率流逝。第一声婴儿的啼哭划破沉寂的夜幕，众人皆舒了一口气。当年近五十的元宽接过产婆怀里的孩子，感动的泪花在眼眶闪烁。老来得子的幸福，不言而喻。元宽为幺儿取名元稹。

粉琢玉雕的婴儿，接受着旁人的夸赞与祝福。他们没想到的是，多年后，这个婴儿让他们的祝愿成真，成为一人之下万人之上的宰相，亦是才情斐然的诗人。

古人恪守着多子多福的礼俗，对于元氏这一大家族而言，更是如此。元稹字微之，别字威明，行九。其实元稹只有三个哥哥与两个姐姐，即三十而立的长兄元沂，二哥元柜，三哥元积，以及还未成年的大姐与二姐。按照唐朝习俗，"行第"的排序是从曾祖父一辈的子孙开始的，元稹排行第九，因此称为"元九"。

"郡望"一词，代表了某一地域范围内的名门望族。自汉以来，古人越来越重视门第。出生于长安的元稹，尽管极少在洛阳居住，却由于对郡望的重视，一直自称为河南洛阳县人。

元稹的诞生，对于年过半百的元宽来说可谓是极大的惊喜。尽管官职不高，元宽却不无一颗为国效力的心。不是没有听闻朝廷党派之争严重，况且新帝即位，根基未稳，更掀起了一场场权力的游戏。王朝内部官员钩心斗角，边疆外族虎视眈眈。忧心于国事，却无能为力。过往祖上的神勇及伟业让元宽敬畏与羞愧，原来他能做的，竟是如此之少。

孩子，既是血脉的延续，也是父母夙愿的寄托。对于从小便长相俊朗、聪慧灵敏的小儿子元稹，元宽是极其喜爱的。他将幼小的元稹抱上膝盖，给他讲述先辈们的丰功伟绩，自己的志向与现实的无奈，当他愤懑于朝廷的纷争，叹息于老百姓生活的艰辛，年幼的元稹只是静静听着，似懂非懂。

当元稹的年龄再大一些，元宽开始教他识字诵诗，从《诗》《书》《礼》《易》等儒家经典，到勤、俭、廉、洁等传统美德，元宽既注重子女的才能培养，亦不忘个人道德的强调。当他繁忙于政事时，妻子郑氏便承担了元稹的启蒙教育。

成年后的元稹回忆起年少的时光，不禁发出感慨："我有恳愤志，三十无人知。修身不言命，谋道不择时。"年少时便立下远大志向的元稹，愿追寻先辈们的足迹，为国效力。奈何现实太过残酷，官场的权力斗争使得他不仅无用武之地，反而到处遭受排挤。

没有经历过挫折的人是没有资格轻视挫折的，然而身陷磨难之中仍能坚持自己的信仰，则实属难能可贵。"达则济亿兆，穷亦济毫厘。济人无大小，誓不空济私。"不同于孟子所秉持的"穷则独善其身，达则兼济天下"的理念，元稹始终坚信不论是否得志，都应尽自己的能力为他人做出贡献。对他人的奉献在本质上没有多少之分，只要不为个人私利便足矣。这样一种境界，该是圣人方能达到。在这首《酬别致用》中，元稹表达了自己为国为民效力的坚定信念。

情感丰沛的元稹一生中知己不少，在离别或相聚之际，元稹与好友唱和了数量不少的诗，此诗便是元稹与好友李致用，也就是李景俭的唱和诗。

这首诗创作于元和五年（810），时任监察御史的元稹，因不屈服于宦官的淫威而受到诬陷，被贬为江陵府士曹参军。元稹于贬谪之地相逢昔日好友，欣喜之情一扫被贬的阴霾，"风行自委顺，云合非有期。神哉心相见，无朕安得离。"好友之间，该是心有灵犀的，不然怎能不期而遇？因心与心的思念，此刻刚好遇见你。在别离之际，元稹再度以一句"玉色深不变，井水挠不移"，表达了他们两人坚不可摧的情谊。

相似的经历，才会引发彼此的共鸣。面对同样遭贬的好友李景俭，同病相怜之感油然而生。在向好友的倾诉衷肠中，元稹表达了自己的远大志向与壮志未酬却遭受迫害的愤懑之情。不过，磨难从来不是强者的拦路石，"相看各年少，未敢深自悲"，即使时不我待亦不重要，重要的是从不放弃。我们都还很年轻，还有机会，自然不能太过气馁。乐观向上的元稹，用坚定的话语，与好友互勉。

尽管有子女陪在身边的天伦之乐，元稹却因政事而不能放宽心。新帝即位，国家却并未终止动荡局面。经历了"安史之乱"的唐德宗深知藩镇割据的危害，并为削藩积极进行准备。然而，积弊太深，牵一发而动全身的革新运动遭到了各地藩镇的反对，甚至纷纷起来拥兵叛乱。田悦、李惟岳、李希烈等人相继起兵作乱，七年的时间里相继发生十余次藩镇叛乱事件。

在利益的驱使下，唐德宗的统治遭到众多达官贵人的挑战与威胁。最终，削藩之争以唐德宗的失败而告终。

烽火四起，受伤最重的莫过于老百姓。处于水深火热之中的他们，没有哪一刻不企盼着和平时刻的到来。然而，陷于争权夺利旋涡中的统治阶层，根本无暇亦不屑顾及他们。至于最高统治者唐德宗，也被朱泚与李怀光的藩镇叛乱逼出了长安。

历史是何其相似呀，昔日"安史之乱"中唐玄宗被叛军逼迫仓皇逃出京师长安，如今唐德宗亦不得不出奔奉天与梁州，相似的遭遇，何其悲哀。

意外与惊喜，你永远不知道哪一个先到，唯有珍惜现在。在战乱不断的岁月里，元稹靠着家族的庇护与宠爱，无忧无虑地度过了七年。贞元二年（786），八岁的元稹遭遇了其人生中的第一次劫难。

八岁的元稹，对于"死亡"一词尚且没有清晰的概念。但当他看到叔叔元宵了无生息躺在病床上，还是被惊吓到了。早慧的他，已经意识到死亡是一件让他恐慌的事。然而，噩梦并未就此放过他。不过数月，他的父亲元宽病逝。

在灾难中成长，是一件让人多么无奈的事。措不及防的劫难，让年幼的元稹几乎不能接受。在一片哀号声中，元稹有一丝迷茫，一丝害怕，更多的是无法言语的悲伤。从此，父亲再也不会将他抱上肩头，给他讲那些传奇故事，陪伴他嬉戏玩耍。

在不想告别的日子里迎来永别，绝望却无望。如此重大的家庭变故，让元氏家族受到重创。元稹的长兄元沂时任蔡州汝阳尉，因李希烈叛乱没能回家奔丧，继而在战乱中丧失了音讯。这对于元家来说，可谓是祸不单行。

为父母守孝，是必须遵守的儒家礼教。在古代，至亲逝世，子女须持丧三年，此为"丁忧"制度。在守孝期间，一切婚嫁、娱乐之事，不得举行。而在职的官吏，亦需辞职在家守孝。

元稹的二哥元柜时为湖丞，因父丧只得在家守孝。失去了家中顶梁柱的元氏家族，一并失去的还有经济来源。秉承廉政的元宽兄弟俩，撒手人寰后并没有给家人留下什么遗产。失去了生活来源的元氏家族，很快陷入困顿之中。

第三节　凤翔神童多才气

告仑等：吾谪宦方始，见汝未期，粗以所怀，贻诲于汝。

汝等心志未立，冠岁行登，能不自惧？

…………

吾尚有血诚，将告于汝：

吾幼乏其巇，十岁知文，严毅之训不闻，师友之资尽废。

忆得初读书时，感慈旨一言之叹，遂志于学。

是时尚在凤翔，每借书于齐仓曹家，徒步执卷，就陆姐夫师授，勤勤，其始也若此。

至年十五，得明经及第，因捧先人旧书，于西窗下钻仰沉吟，仅于卜窥园井矣。

如是者十年，然后粗霭一命，粗成一命。

及今思之，上不能及乌鸟之报复，下未能减亲戚之饥寒。

…………

今汝等父母天地，兄弟成行，不于此时佩服诗书，以求荣达，其为人耶？其曰人耶？

——元稹《诲侄等书》

"生不逢时是遗憾，满腔才华却悲剧"，多少人没能逃过这十四个字。自古以来，中国就不乏少年成才的诗人。秦国的甘罗十二岁为上卿，自请出使赵国，初唐四杰之一的王勃六岁即善文辞，白居易五岁成诗。早慧聪颖，勤奋好学，李白如此，元稹亦如此。

古时太多成才学子家境贫寒，激发学习斗志，梅尧臣"满径蓬蒿老不华，举家食粥酒常赊"，后为尚书都官员外郎；苏轼"我生无田食破砚，尔来砚枯磨不出"，后为翰林学士；杜甫"床头屋漏无干处，雨脚如麻未断绝"，后为拾遗。当贫困走向元稹，他依然勤奋学习，不懈努力，这也注定元稹的人生是要成功的。

父亲早逝，家境贫寒，元稹并没有像其他孩子一样上私塾，而是由元稹的母亲郑氏教书于他。其母郑氏，出身书香门第，满腹诗书，才华横溢。"女本为弱，为母则刚"，为了元稹，郑氏用她柔弱的肩膀扛起了元稹上学的担子。

郑氏的老家在凤翔县，当年郑氏在当地也是数一数二的美人，郑氏的父亲名郑济，是睦州的刺史，地位显赫，家庭富足。郑氏家族和元氏家族一样，历代祖先都是朝廷重臣，从两汉到晋朝再到北魏、北齐都是权倾一方的封疆大吏。河南荥阳郑氏一族，人丁兴旺，就元稹母亲的高祖一脉，开枝散叶的郑氏一族就有七刺史、九司马、十二郎中。元稹母亲的曾祖父为郑州刺史，死后追赠太常卿，祖父为朝散大夫，易州司马，父亲郑济在元稹母亲出嫁时为徐州刺史，上任睦州刺史不久。

元稹母亲是郑济的二女儿，大女儿嫁于凤翔望族胡家，有一表兄名胡灵之，不但经史熟读，而且善作骚体骈文。后来郑三小姐嫁给了濮阳吴家，夫家为代宗朝国舅濮阳吴溆，吴溆的大姐乃章敬皇后，德宗的皇祖母。自古中国讲究长幼有序，大女儿出嫁后，郑二小姐的终身大事便成了郑济心中的头等大事，毕竟已是郑家有女初长成，女大不中留，留来留去留成仇，因此郑济整日琢磨着给郑二小姐找一个做官的夫婿。毕竟是大家闺秀，要求不低，年龄相配，且无妻妾，人品端正，这么一挑选，着实也用了不少的时间。

正巧那时，元稹的父亲元宽丧妻，当时职位为五品官员，和郑济的级别相差无几，因此得到了郑济的青睐，郑济便开始与元宽有了联系。

三妻四妾最早出自《庄子》，三妻四妾指嫡妻、偏妻、下妻、御婢、小妻、傍妻、少妻、庶妻，为家族开枝散叶，而在元宽发妻去世之时，元宽只有两个孩子，这在元氏这样的大家族显然是不足够的。

古时三妻四妾是男人的权利。元稹对发妻韦丛情深义重，纵然有千古传诵令人肃然起敬的《离思五首》，纵然诗歌中有"取次花丛懒回顾，半缘修道半缘君"的至死不渝，但是在韦丛去世之后，依然娶妻纳妾，安仙嫔、刘采春、裴淑。彼时元宽正是意气风发，与发妻并非海誓山盟，何况家中还有两个孩子不能自理，需要照料，郑氏家中有权有势，为人又知书达理，是好妻子的不二人选。唐代婚姻讲究父母之命媒妁之言，经元宽父亲点头，遂由郑济和元宽父亲做主，将郑氏嫁给了元宽，成了元宽的第二任妻子。

三妻四妾是统称，男人的妻子只有一个，也就是嫡妻，即使妻子去世，续娶之人皆为妾侍，郑氏金枝玉叶，千金小姐，嫁于元宽属下嫁，奈何郑济看重元宽文质彬彬、前途无量。只是不想荣华富贵如此短暂，平步青云也因元宽的去世而成为镜中花，水中月。

元宽去世，家中没有了支柱，经济也没有了来源，郑氏一个柔弱女子也没什么法子。在元府，郑氏和元稹与元稹的其他弟兄相处并不是十分融洽，虽为继母，其兄弟却并无赡养之意，郑氏自小养尊处优，没吃过什么苦，只精通琴棋书画，对针织女红一窍不通，因此不能像古代其他丧夫的女人一样纺线织布，在大街上摆小摊儿来供养儿子读书，郑氏并不受元家其他人待见，他们不情愿供养郑氏母子，后来郑氏只好回了自己的老家凤翔县。

　　其实唐朝对三从四德并不是十分讲究，有很多女人丧夫或者因为某种原因被夫家休了之后都可改嫁，另觅良人，而且依郑二小姐的家庭背景完全可以带着元稹改嫁，重新寻找她的幸福，毕竟她还年轻，正是风华正茂的时候。但是郑氏十分顽固，坚持，非要恪守传统，从一而终，任凭他人如何劝说，都不肯改嫁。

　　在古代，嫁出去的女儿是泼出去的水，郑二小姐嫁给了元宽，就是元郑氏。今后无论遇到什么事都与娘家郑氏没有关系，但是郑氏为了自己的儿子也顾不了其他，到了如此境地，骨气已是身外之物，让儿子读书，吃饱饭，冬暖夏凉，成才，这才是最重要的。

　　漆黑的夜晚，一根蜡烛默默燃烧，给这屋子带来微弱的光芒。做好决定的郑氏收拾着行囊。夜晚，郑氏躺在床上，透过窗子看着淡淡的月光，一行清泪夺眶而出。轻轻地抚摸元稹稚嫩的脸庞，心中的酸楚让她很想大哭一场。可是郑氏还是收回了自己的眼泪，看着熟睡的孩子，心中默默地念道：长安，我们会再回来的，逸之，将来我一定让他风风光光地来这里生活。

长安是繁华的，"冲天香阵透长安，满城尽带黄金甲"；长安是美丽的，"长安雪后似春归，积素凝华连曙辉"；长安也是满载人的希望的，"春风得意马蹄疾，一日看尽长安花"。如今，郑氏眼里的长安是高高在上，可望而不可即的，却是可欲可求的。

"去年今日此门中，人面桃花相映红。人面不知何处去，桃花依旧笑春风"。有梦就有远方，今天虽然他们落魄地离开了长安，但是她相信有一天她会重回故里，满面春风，风风光光，像当年她嫁给逸之那样。

人若有志，万事可为，有名人言，雄心壮志是茫茫黑夜中的北斗星。虽然她是一个弱女子，今后的拼搏是由元稹完成的，不是她，但是郑氏心中满怀信心，因为元稹是逸之的孩子，亲生骨肉，同样的血液，同样的坚韧，同样的才华横溢，同样的不甘平庸。眼前这棵稚嫩的小苗正在逐渐成长，只要她细心培养，一定会长成她和逸之所期待的模样。她也相信，她的坚强，元稹的志向，一定会助他一路披荆斩棘，走过狂风暴雨，最后开出最美丽的花朵，结出最甜美的果实。

翌日清晨，郑氏带着元稹离开了长安。马车上，郑氏掀起车帘子，马蹄西去，人往北望，瑟瑟风起，阵阵尘土，凄凄寒心。一路颠簸，看着马车穿过城门，"长安"两个字渐渐消失在视野之中，苦涩又上心头，郑氏又情不自禁地流下泪来。当年，她离开父母，嫁给元宽，只过了几年的安逸生活。不过十年的光景，她的人生已经翻天覆地。那些美好的回忆已经被搁置一旁，流入岁月的长河，曾经大家闺秀，不晓人事，如今嫁作人妇，从在家从父，到嫁人从夫，如今已是夫死从子。逸之的离去，让他突然感觉自己老了许多。时光，带走了她的青春，带走了她的安逸，还带走了她的丈夫。人生在世，有舍有得，带走了多少，就会带来多少，岁月，捎来了坚强，捎来了意志，也捎来了勇敢。此时，生活早已没了选择，煎熬也好，苦难也罢，都会过去，只要有梦想，前方就有路、有希望。

放下帘子，擦干眼泪，郑氏招呼元稹坐到她的旁边，把元稹紧紧地搂在怀里，但愿这一走，不要像"风走八千里，不问归期"，是的，不会的，"云追九万里，不知所起"，因知所起，必晓归期。长安是起点，也是终点，世界是圆的，兜兜转转，只要一直在路上，不忘初心，总会回到原点，来到终点。

凤翔县隶属陕西省宝鸡市，物华天宝，人杰地灵，许多人来此皆赞不绝口，诗人骚客更是赋诗表达他们对此地的喜爱之情。"明月松间照，清泉石上流"。凤翔县古称庸，是周秦的发祥之地、嬴秦创霸之区、华夏九州之一。关于凤翔县名字的由来有一个美丽的传说，相传秦穆公之女弄玉善于吹笛，时常演奏，优美的乐曲引来许多隐士听众，其中便有箫史，知音相遇，琴瑟友之，终成眷属，后两个人乘凤凰飞翔而去，此地便更名凤翔。

此时时至贞元三年（787），凤翔县实行道、郡、县三级制，是唐代的西北要地，总有重兵把守，社会一时比较安定。凤翔县和它的名字一样美丽，如诗如画，静谧的雍州古镇，处处引人入胜，"夜凉吹笛千山月，路暗迷人百种花"。景色宜人的东湖美景，"东湖暂让西湖美，西湖却知东湖先"，倒映着天空颜色的东湖水一片蔚蓝，庭院深深，绿树成荫。神圣的九顶莲花山，在迷雾之中，在楼台之上，月迷津渡，阵阵钟声每一下都敲击着过往来人的心灵，净化着，安然皈依，元稹就在这样一个优美和谐的地方度过了他的童年。

凤翔社会和谐，唐朝其他领域却并不安定。贞元三年（787），实属多事之秋。长安边境战士居多，粮食却不足，车倒马死，百姓供不应求，怨声载道。其间德宗出猎，有民赵光奇向德宗呈谏上表，德宗不信以为然。同年，两京、蒲、陕等地发生地震，房屋坍塌，惨烈画面不堪入目，鲜红的血液，绝望的哭泣，如河的泪水，令人心痛的哭喊，刻骨铭心，百姓受惊，多不敢留在屋内，妻离子散，无家可归。后李泌败走淮西，兵损大半，至蔡州之时将士仅剩下四十七人，军心动摇，国家不定。

年中，吐蕃请求大唐与之结盟，德宗许诺，同时撤离盐、夏。敌寇入侵，粮运不继，百姓苦不堪言，深处水深火热之中，朝廷无动于衷，惨绝人寰，杀害老弱病残者，断百姓之手挖百姓之目，手段极其残忍，后又驱赶壮丁上万人，强迫参军，且告之曰："听尔东向哭辞乡国！"民众大哭，无可奈何，自缢跳崖者数千人。百姓生儿为国操劳，却得如此下场，可悲可叹。

生活在凤翔县的郑氏的娘家十分宽容地接纳了这一对落魄的母子，郑氏的母亲卢氏还把他们安顿在柳林镇的宅院，毕竟是自己的亲生骨肉，从自己身上掉下来的肉，曾经的掌上明珠，怎能狠心让她在街头流浪，怎能忍心将她拒之门外。子女痛，父母悲，血脉相连，同甘共苦。

郑氏会回来投奔娘家，除了解决温饱问题，最重要的还是让元稹读书成才，所以回到娘家之后郑氏的大多数时间都用在了教元稹读书上。人生纵有千条路可走，可作为世代皆为仕宦之家的元氏子孙元稹也没有其他选择，虽然此时家道中落，但是生为男儿，就有责任，有义务让元氏一族东山再起，重振雄风，再创辉煌。

私塾教什么，郑氏就教给元稹什么。元稹自小勤奋好学，不仅直接受教于母亲，还常常从邻里那里借书来看，然后徒步去姐夫陆翰家求教，其表兄胡灵之教元稹诗歌格律和骑马射箭。

元稹的性格也受到父母很大的影响。元稹遗传了父亲元宽那刚正不阿的性格，而其固执己见，不畏权贵，勇于弹劾不法官吏导致多次被贬谪又像极了无论如何都不肯改嫁的母亲郑氏，如此看来元稹坎坷的一生似乎早就注定了。

不过元稹毕竟是鲜卑族拓拔部，血管里流的是大漠的血，生性豪放，崇尚自由，这也就注定了元稹的骨子里是豪放自由的，童年的元稹像其他孩子一样，顽皮，淘气，喜欢自由自在的生活，喜欢去柳林镇南的葱山郊游爬山，看险峻的山势，看恬静的小桥流水人家，看漫天红透的枫叶，呼吸山里的空气，看从云雾中渐渐清晰的朝阳。元稹天赋过人，学习很快，九岁便能成诗，由此赢得许多长辈的喜爱。因成长环境的影响，儿时的元稹已对乡村文化和边塞诗歌有所了解。在凤翔的几年，元稹和母亲虽然日子过得十分艰难，但是每天都过得十分充实，有所学习，有所经历，有所见识。

臣八岁丧父，家贫无业，母兄乞丐以供资养，衣不布体，食不充肠。幼学之年，不蒙师训，因感邻里儿稚，有父兄为开学校，涕咽发愤，愿知诗书。慈母哀臣，亲为教授。

——元稹《同州刺史谢上表》

元稹在《同州刺史谢上表》一文中写尽了自己儿时家境的贫寒和读书的艰难，从中不难看出，母亲对于元稹的意义，生他者是她，养他者是她，育他者亦是她，为他忍气吞声，受尽煎熬者也是她，"母亲"，简单的两个字，为他付出太多心血。在元稹的心中，郑氏不仅仅是一个母亲，更是一个伟大的女性。一个能在养尊处优的家庭中相夫教子，也能在吃糠咽菜的环境中教书育子的伟大女人。郑氏是他心中最大的骄傲，无论何时何地他在哪里，都不会忘记对他来讲恩重如山的母亲。

父母的恩情，最难报答，他们的无私，浇灌着他的成长，他成长得越快，父母老去得就越快，等不及他长大就年迈，他走得越快，母亲走得越慢。因为父亲的早逝和日子的艰辛，元稹比其他孩子更早更深地明白了母亲的不易，加上他天资聪颖，元稹没有辜负母亲的期望，没有让母亲白白付出，元稹十五岁两经擢第。

第二章

人生若只如初见

第一节　十五岁两经擢第

闲夜思君坐到明，追寻往事倍伤情。

同登科后心相合，初得官时髻未生。

二十年来谙世路，三千里外老江城。

犹应更有前途在，知向人间何处行。

——元稹《寄乐天》

时间在岁月的长河里缓缓流淌，白了黑发，催了心老。年过七载，春夏秋冬走过了七个轮回，真是"年年岁岁花相似，岁岁年年人不同"。七年的时间，并不是一个短暂的时间，七年的时间，一个幼小的身体慢慢地长高了，一个稚嫩的脸庞渐渐地成熟了。满载着母亲期望的元稹从懵懂孩童长成了十五岁的翩翩少年。生命是如此神奇，能从嗷嗷待哺的婴儿到身长七尺的男儿，能从一片空白到博学多才，能从不谙世事到认真负责扛起大任。

在元宽死后，出阁的郑氏的全部依靠和希望就是元稹。七年的时间，两千多个日夜，两千多次日升日落，夕阳西下，还是那样轻柔的风，还是那个温暖的朝阳，还是那个美丽的凤翔，可是很多事情在无形中已经变成有形，越多一刻的陪伴，希望的曙光郑氏就看得愈加清晰，日夜的期盼总算不是徒劳。

元稹八岁和母亲郑氏回到凤翔专心读书，因生活所迫，他急切渴望通过科举改变现状。唐代科举名目甚多，而报考最多的就是进士和明经两科。不过两科相比也有难易之分。唐人有言："进士初擢第，头上七尺焰光。"可见进士登科在唐朝是多么荣耀的一件事情，京师应举人数百里挑一，韩愈曾称数以千计，京师应举人数却不过半百。故有"三十老明经，五十少进士"之说，而唐代文人也更为看重进士科。但元稹为尽快摆脱贫困，获取功名，让母亲的生活有所改善，只好退而求其次投考相对容易的明经科，结果一战告捷！年仅十五岁，元稹就在朝廷举办的"礼记、尚书"考试中实现两经擢第。

及第对于任何一个求学的才子来说都是一件令人高兴的事情。孟郊及第后写出了千古名句"春风得意马蹄疾，一日看尽长安花"；杜牧登科后仰望"星汉离宫月出轮，满街含笑绮罗春"；韦庄见榜长安城一声天鼓，"葛水雾中龙乍变，缑山烟外鹤初飞"。彩旗飘扬，云鹤飞过，留下一道绚丽的轨迹线，那是给胜利者的欢呼和色彩，长安一直都是一座有感情色彩的城，一瓦一墙都有它自己的哀伤和喜乐。

一路上元稹的心情是急切的，是欢愉的，是紧张的。七年了，终于又回到长安了。好想看看城墙上的"长安"二字，简简单单的两个字倾尽了他太多的情愫，那两个字一定更加狼狈了，七载风吹日晒，雨打雪落，怎么会不留下岁月的痕迹？

坐在马车里的元稹心中五味杂陈，与母亲紧紧地握着双手，抬起手用手帕拭去母亲因激动留下的热泪。七年前，他与母亲在尘土纷飞中离开这里，今天又重新踏上这片土地。长安还是那个长安，一瓦一墙都透着古老和神秘的气息，一块绿瓦一个故事，一片红墙一段传奇。颜色越深，注入的感情越多，留下的痕迹就越多，吸纳的眼泪就越多。

脚下的步伐每走一步都感觉更加沉重，这里是他的故乡，是他生长的地方。长安，我回来了，你还记得我吗？

"去年元夜时，花市灯如昼。月上柳梢头，人约黄昏后。今年元夜时，花与灯依旧。不见去年人，泪湿春衫袖"。简简单单的一首诗，却把元稹的心情道得如此明白。为何岁月是如此的残忍，能让一切的美好消失殆尽，烟消云散。曾经他有个圆满幸福的小家，衣食无忧，备受宠爱。还有个国运昌隆，强盛伟大的大家，百姓安居乐业，四方畏惧无人敢犯，怎么如今都"物是人非事事休"了？原来的人和繁华都到哪里去了？

一边走着脑海里一边就会出现回忆的画面，时而清晰，时而模糊，但都会让元稹弯起嘴角。来到他们曾经住过的大院子，这是皇帝因为军功而赏赐给祖辈的，默默地看着，心中的骄傲油然而生。这是他曾经的家，在这里，他度过了八年父母双全的日子；在这里，他曾经和三个哥哥玩耍嬉戏；在这里，有他喜爱的辛夷花；这里也有母亲不堪回首的回忆。母亲的幸福在这里开始，母亲的苦难也是从这里开始，母亲的孤独也是从这里开始！

风云莫测的时间似变幻的时空，看不透。他静默读书的几年，长安又有了新的变化，更加凄凉破败了，"国破山河在，城春草木深"。

贞元三年到贞元十年，乱兵逐走福建，韦皋大破吐蕃，大唐的盛世仿若激石冲浪，最美的波光粼粼过去，湖水归于平静不再美丽，没有浪花，也没有夕阳的映射。他的小家已经不复存在，难道他的大家也要渐行渐远吗?

《寄乐天》创作于元和十三年,当时元稹在通州任所。诗中元稹回忆起了往事,对比今日被贬谪的处境,感叹岁月蹉跎,壮志难酬,为白居易和自己有着相同的遭遇感到悲伤。虽不曾消沉一蹶不振,但也曾迷茫困惑无语问苍穹,表现出元稹对人才陨落,得不到重用而心里生出的悲哀。人生就是充满坎坷和荆棘,曾经以为考取功名就可以无忧无虑地做官,为皇上排忧,为百姓解难,谁知官场尔虞我诈,让自己的美好愿望化为泡影。一朝天子一朝臣,逆耳的忠言并不是每个皇帝都能接受的。兜兜转转,他的身体还能经得起几个回合的折腾?

元稹及第之初一直没有成为官员,而是闲居于京城。但是元稹并没有因为两经擢第而改变虔诚学习的态度,更没有停止学习。没有谋得一官半职致使家里的生活越发拮据,迫于生计元稹只好继续考进士。家中藏书众多给元稹提供了便利的条件,京城的文化环境和他的广泛兴趣陶冶了他的文化修养和情操,让他信心倍增。天道酬勤,他要继续努力,不能辜负母亲的殷切期望,母亲是郑二小姐,是个大家闺秀,他一定要让母亲活得像个大家闺秀。

同时,在诗歌方面,元稹也大有收获。在元稹明经擢第的第二年,他得到了陈子昂和杜甫的数百首诗歌。

陈子昂和杜甫都年长于元稹，在元稹心里，陈子昂和杜甫是长辈，也是前辈，手中握着他们的诗歌，元稹倍感珍贵，虔诚学习，虚心思考，细细品读，得到了很多的感悟。

陈子昂的性格与元稹极其相似，生性耿直，关怀天下，经历也有相似之处，陈子昂因极言进谏得罪权贵而被贬谪，后期元稹读陈子昂的诗歌感怀更多。前期元稹能感觉到"念天地之悠悠，独怆然而涕下"中的孤独和悲愤；能感觉到"孤兽犹不忍，况以奉君终"中的执着和忠诚；能感觉到"多材信为累，叹息此珍禽"中的哀怨和忧伤。尤其是《感遇》诗带给元稹的触动很大，三十八首诗让元稹受益匪浅，那时的元稹年纪尚小，乃初生牛犊之辈，而陈子昂的《感遇》诗涉及面广泛，与当时朝廷的实际情况紧密相连，意义深刻，正是元稹最需要学习的。"学而不思则罔，思而不学则殆"，元稹自小因父亲元宽受儒家思想颇深，因此在阅读陈子昂诗歌的时候引发了元稹的大量思考，同时也让他产生了许多的灵感，这也对元稹今后的仕途发展有着重大的影响。

除陈子昂，元稹的诗歌受杜甫的影响也很大。相较于陈子昂，元稹和杜甫所处的时代相距更近一些。杜甫诗中"布衾多年冷似铁，娇儿恶卧踏里裂"的贫穷让元稹感同身受，这首诗歌将他在凤翔的那些艰苦日子再次浮现在他的眼前；"剑外忽传收蓟北，初闻涕泪满衣裳"的爱国精神让他佩服；"万里悲秋常作客，百年多病独登台"让元稹在通州时期深有体会，那样的人生经历，至死难忘。杜甫是元稹在诗歌路上的第一个引路人，带给他很多的领悟，唯一的遗憾，君生他未生，他生君已死。

读着杜甫的诗歌，想着杜甫的样子就好像看到了父亲的样子，他的父亲，一生为大唐呕心沥血，而他是父亲的儿子，不仅要延续父亲的血脉，还有继承父亲的忠诚和爱国精神。父亲是孩子的第一任老师，母亲教会了他坚贞不渝、从一而终和能屈能伸，而父亲虽然早逝，但他还是记住了父亲的忠于朝廷，竭尽全力和无怨无悔。

第二节　初见管儿情意种

琵琶宫调八十一，旋宫三调弹不出。

玄宗偏许贺怀智，段师此艺还相匹。

自后流传指拨衰，昆仑善才徒尔为。

濆声少得似雷吼，缠弦不敢弹羊皮。

…………

性灵甚好功犹浅，急处未得臻幽闲。

努力铁山勤学取，莫遣后来无所祖。

——元稹《琵琶歌》

爱，是人间最美的梦，是从幸福领域出逃的精灵，是黑夜闪耀的明星。它出现，撩动你的心弦，唤醒你内心最渴望的拥有。古往今来，多少人为爱忧伤不寐，多少人为爱泪湿罗帕，又有多少人为爱不念茶饭。同样的爱，同样的刻骨铭心，结果却如此不同，有人终成眷属，与子偕老，有人幻化成蝶，天上人间。不同的人，不同的路，有喜有悲。

初恋，是人萌发爱情种子最初的部分，是人生第一朵绽放的鲜花，它如初升的朝阳一样灿烂、美好。初恋是生命中最难忘记的过客，它是穿过石心的水滴，它是滑下脸颊的热泪，它是夜空中迟迟不肯坠落的星。从眼前路过的人数以万计，从人生里路过的人数以千计，从记忆里路过的人数以百计，在心里的不过十人，始终念念不忘的却只有一人。

及第后，元稹一直留在长安，没有做官的他整日与读书为邻，与作诗为伍。终于等到了做官的时刻，由杨巨源推荐元稹到自己的故乡河中府西河县县衙担任小吏文书，虽然只是蒲州的一个小官吏，但是元稹心里没有丝毫不满。

蒲州是一座古老的城市，被雄伟的黄河之水灌溉，被辽阔的狂野之地熏陶，被自由飘摇的蒲苇包围，时光流逝，日久弥新，景色越发美丽，空气越发清晰，许多文人墨客慕名而来，游山玩水，陶冶情操，鹳雀楼中季凌朗诵着"白日依山尽，黄河入海流"……

际会总是不期而遇。一日，因为工作清闲，元稹到东郊游玩，夜宿普救寺，盘桓数日。就是在那一天，那一刻，元稹与管儿相遇，"缘分"二字又有几人能说得清道得明。心动也总是那样突如其来，不可预见。那一年，那一座寺庙，那响亮的钟声，那幽静的环境，造就一场可悲可叹的爱情故事。一段相遇就会传唱出一段传奇，在心里烙下一段疤痕，人在，疤痕就在。

管儿也有人说就是双文，小名莺莺，乃元稹母亲郑氏姐妹之女，家财万贯却无权势。管儿年方十七，有闭月羞花之貌。一场相遇，惊艳了时光，灿烂了岁月。纵然没有相守到老却也在坠入爱河之后度过了一段惬意的时光。

管儿和元稹的母亲郑氏相似，大家闺秀，通情达理，博览群书，琴棋书画无一不通。贞元十五年，二十一岁的元稹寓居蒲州，出仕于河中府。此时，正当驻军骚乱，蒲州不宁，元稹借助友人之力保护处于危难之中的远亲。骚乱被控制之后，管儿母亲举办答谢宴，在宴会上，元稹才注意到旁边的管儿，亭亭玉立，闭月羞花。四眼相聚时，电火花闪现，一见钟情，如黑夜中肆意飞舞的流星，突然碰撞。

艳极翻含怨，怜多转自娇。

有时还暂笑，闲坐爱无慘。

晓月行看堕，春酥见欲消。

何因肯垂手，不敢望回腰。

——元稹《赠双文》

"数日来，行忘止，食忘饱，恐不能逾旦暮。若因媒事而娶，纳采问名，则三数月间，索我于枯鱼之肆矣。"这是元稹对管儿的丫鬟所言，可见当时元稹所陷其深，"有一美人兮，见之不忘。一日不见兮，思之如狂"。没有亲身经历，怎么会有切身的体会？也难怪，管儿窈窕淑女，元稹"君子好逑，寤寐求之，求之不得，寤寐思服，悠哉悠哉，辗转反侧"。元稹还创作了一篇《赠双文》，可见管儿是多么的倾国倾城。

管儿是漂亮聪明的才女，对于元稹的仰慕，自然有困顿和挣扎，但是最终还是情不自禁地投入元稹的怀抱，即使是义无反顾地投奔热情，管儿内心依旧冷静从容。她也只是一个十七岁的姑娘，情窦初开，未晓人事，纯洁如水。对于情爱，想法简单。情爱是庄严的领域，是通向幸福的栈道，不需要任何虚伪的掩饰，不需要患得患失的多疑和思考，更不需要思前想后担惊受怕。幸福和人生都似海边的候鸟，长着翅膀会飞，不紧紧地握在手中，就会无情地飞走，一去不回。

元稹曾给官儿写了一首诗，并把诗交给了管儿的丫鬟红娘，委托她代为传递。

待月西厢下，迎风户半开。

拂墙花影动，疑是玉人来。

——元稹《明月三五夜》

管儿看到信后就给元稹写了一封回信。此后书信来往不断，每一封信中都是情意满满，诉说着想你念你的衷肠。每一个信物都有着彼此心中最真实的感情，信中的一字一句，都表露着初恋的美好滋味，那轻柔的话语，小心翼翼的字眼儿，像海边的浪花，奔腾着，翻滚着，欢喜着内心，点缀着青春。

春来频到宋东家，垂袖开怀待好风。

莺藏柳暗无人语，唯有墙花满树红。

——元稹《古艳词二首》（其一）

命运总把人捉弄，这世上的感情事多如沙石，美满结局却少之又少。黎明不懂哀伤，总会让双人成单，梁祝坟前化蝶舞。幸福时光印心间，离别容易再见难，清照明诚天上人间。乌江垓下，乌骓哀鸣，四面楚歌，慷慨悲歌，霸王自刎，虞兮虞兮奈若何。

唐代的门第观念极其强烈，承袭南北朝旧俗，以婚姻和为官两个方面来评定人品的高下。婚姻要配高门第，仕宦要为清望官。管儿门第不低，且财产甚厚，但父亲早逝，老母弱女，无权无势，不利于元稹仕途的发展，不是共结连理的最好对象。一方面，元稹想要与管儿长相厮守，另一方面，还想做官、与仕途之家结为连理，以助他日后高迁。鱼与熊掌不可兼得，为了自己家中还吃糠咽菜的母亲，为了自己的家族，元稹不得不挥慧剑斩情丝，在他还没有陷入其中无法自拔之前就为这段感情仓促地画上了句号。

不久，元稹整装待发前往长安考取进士，临行前，管儿痛言："始乱之，终弃之，固其宜矣，愚不敢恨。必也君乱之，君终之，君之惠也；则殁身之事，其有终矣，又何必深感于此行？"元稹深知管儿信中之意，却还是狠下决心，毅然决然地离开了蒲州。元稹应试未中，在京城滞留，闲暇时间又开始了和管儿的书信往来，此时原本的两情相悦已经变成落花有意流水无情，最终他们两人是渐行渐远渐无书。各自在人海流浪，孤独的一个人站在千里之外的楼宇上眺望着远方，想起过往，想起初遇的美好，想起交换的书信，一字一句，想起分别的苦楚和怨恨，如今不知是否安好？相忘于江湖的无奈和悲伤又有几人能懂？

《琵琶歌》创作于元和五年（805），身为监察御使的元稹奉诏回京途中因不肯让出所住驿站的好房间与宦官仇士良结下仇怨，回京后元稹被以"年少轻威，失宪臣体"的罪名贬往江陵。此时的元稹刚刚年满三十岁，《琵琶歌》中元稹这样写道："如今左降在闲处。而创作的目的元稹也在诗歌中提及过：始为管儿歌此歌。"这首诗歌就是为管儿创作的，除此之外，还有一个原因就是：我为含凄叹奇绝，许作长歌始终说，艺奇思寡尘事多，许来寒暑又经过。

整首诗歌平易浅显，通俗易懂，音韵错落简单流畅，表达了元稹对艺人精湛技艺的叹服以及他对后继者的期望和希冀。当然其中不乏对管儿的赞美和喜爱，自己屡次遭遇贬谪的愤懑之情。整首诗歌都满含悲伤，透露着忧郁的情感。是啊！想一想元和十年前后元稹的经历，哪一件事不是催人泪下。元和九年（809），元稹的发妻香消玉殒，自己被贬谪，母亲郑氏去世，不幸事件接踵而来，冲击着元稹的内心。

白居易和元稹是知己，还都写了关于琵琶的诗歌，因此很多人把元稹的这首《琵琶歌》和白居易的《琵琶行》进行比较，从写作背景上来看，这两首诗都作于诗人被贬谪时期，元稹被贬江陵，白居易被贬江州。从对琵琶演奏过程及音乐的描写上来分析，《琵琶歌》中，诗人用"月寒一生深殿磬，骤弹曲破音繁并"来写快弹和重弹，而白居易却使用了一系列生动的比喻，在描写上更胜一筹，"大弦嘈嘈如急雨，小弦切切如私语。嘈嘈切切错杂弹，大珠小珠落玉盘。间关莺语花底滑，幽咽泉流冰下难。冰泉冷涩弦凝绝，凝绝不通声暂歇。别有幽愁暗恨生，此时无声胜有声"。

在情感上，《琵琶行》感情哀婉，凄凉，整篇诗歌充斥着被左迁的苦闷，而《琵琶歌》中除了被贬谪的心酸，还有丧妻之痛，对初恋情人管儿的思念之情，情感上较为复杂。

至此元稹三十岁，和管儿的相遇已经过去十年，但是元稹脑海里对管儿的印象依然是十分清晰。她婉约清秀，沉鱼落雁，往事如昨日重现。诚然，世间的人生如参天树上的绿叶，找不到一模一样的树叶，世界上也没有相同的人生，不一样的人生就会有不同的感悟，没有经历就无法体会他人心中的苦闷，不品黄连，不知其苦。

没有经历管儿的人生，你不会切身体会到管儿心中的苦闷和忧伤；没有过被贬谪的遭遇，你也不会明白元稹心中的悲痛和愤懑。

人在失意苦闷时，难免会悲春伤秋，想起往事。想起自己的初恋，那懵懂年少时的心动，他曾经付出过真实情感的女人；又怎么能说忘就忘呢？时光远去，初恋还是最纯洁，最真挚的情感，不自觉的爱情，没有任何杂念的相恋，埋葬在心底的最深处，不轻易触碰，也不轻易流露，却一直存在。元稹和管儿，虽然最后没有在一起，心里留下了伤疤，是生命中一个无法弥补的遗憾，但是这世间"不如意事常八九"，只要曾经拥有，又岂在朝朝暮暮，真心实意地爱过，又何必追求地老天荒?

第三章

自古才子多风流

第一节　道是痴情亦薄情

半欲天明半未明，醉闻花气睡闻莺。

狷儿撼起钟声动，二十年前晓寺情。

——元稹《春晓》

感情是深邃的黑洞，是深不见底的悬崖，是一望无际的大海，深不见底，透着神秘，透着诱惑，看着苍白，满是危险。这世上总有无可奈何身不由己的桩桩件件，最是扰人心的当数感情，可以让人露出甜蜜的微笑，也能让人流出悲伤的眼泪。感情是一段心路历程，也是无法躲避的一种成长，或短暂，或长久，或比翼双飞，或天各一方，却总是难忘，是藏在心底的一道伤疤，你见，或者不见，都一直存在。

在这个奇幻美妙的世界里，不可预测的只有两个，一是茫茫无际的大海，二是变化多端的人心。男人和女人都有复杂的心思，即使揣摩，也很难看穿。是的，人看不透大海的深邃，也看不到人心的尽头，即使乘着帆船在大海上行驶，也只能一路观望它的美丽和辽阔，真正的湛蓝和广大只能在脑海里想象，一旦深究，便一发不可收，或喜结连理天荒地老，或悲者殉情同入黄泉，感情，就是可以这样让人执迷不悟，迅速沉迷。

元稹和管儿的一段感情，一直被传诵，结果也是一致的，是元稹抛弃了管儿，但是其中的缘由我们已经无法追溯了，有人说元稹痴情，也有人说元稹薄情，究竟如何？

《春晓》是元稹怀念过去初恋情人管儿时所作的一首七言绝句，在一个春天的黎明，天要亮却还没有亮的时候，酒后的元稹在醉梦中闻见淡淡的花香和柳莺的啼叫，一只小狗跑来，无意中的碰撞，敲响了钟声，于是元稹清醒过来，想起来二十年前在寺庙里发生过的一段让他终生难忘的爱情故事。整首诗婉转柔情，细腻，波澜起伏，感情深厚。

此时的元稹已经和管儿分开有二十年之久，五分之一的世纪转瞬即逝，人生的路并不是十分漫长，尤其是元稹的人生，不过短短五十载，二十年已经是他人生中的二分之一了，能把一个人记住二十年，在他的心里，一定占有重要的位置。韶华易逝，重来难往，能记住一个人二十年，记住两个人相遇的地点，又怎会是薄情之人？可是如此痴情之人也有薄情之心。

"玉环一枚，是儿婴年所弄，寄充君子下体所佩。玉取其坚润不渝，环取其终使不绝。兼乱丝一绚，文竹茶碾子一枚。此数物不足见珍，意者欲君子如玉之真，弊志如环不解，泪痕在竹，愁绪萦丝，因物达情，永以为好耳。心迩身遐，拜会无期，幽愤所钟，千里神合。千万珍重！春风多厉，强饭为嘉。慎言自保，无以鄙为深念。"这是元稹回到长安赶考时管儿写给微之的，元稹看完没有感动，反之，将管儿赠送给他的信物在众人面前展示，加之一段言说："大凡天之所命尤物也，不妖其身，必妖于人。使崔氏子遇合富贵，乘宠娇，不为云，不为语，为蛟为螭，吾不知其所变化矣。昔殷之辛，周之幽，据百万之国，其势甚厚。然而一女子败之，溃其众，屠其身，至今为天下僇笑。予之德不足以胜妖孽，是用忍情。"

你是妖艳妩媚的尤物，我是志当存高远的读书人，与你同在，仅花天酒地，私相授受，即毁我前途，能拒你美貌，实属不易，当为人佩服。

"东风恶，欢情薄，一怀愁绪，几年离索，错错错"。没有回应管儿的来信，将信物展出，为自己辩解，美名其曰，管儿是尤物，是与褒姒、妲己为同等人也，枉费了管儿的一片用心良苦和真心实意。更有人言，元稹和白居易均为才华横溢的诗人，其诗名没有像乐天一样名扬天下，原因就在于元稹辜负了不该辜负的人，那个人就是管儿，两人本是才子佳人，天造地设的一对有情人，却因为他对前途的看重而分道扬镳，先伤人身，再伤人心，实属可恶至极。

宁拆十座庙，不破一桩婚，"缘分"二字又是可遇而不可求的，难得遇见一知心之人，却生生地分离，爱得那么清晰，那么深刻，却还是选择分离，又是怎么样的铁石心肠。

痴情是深情的看望，痴情是即使得不到回应，依然固执地看着心中的可人儿，痴情是不求回报的热爱，痴情是从一而终，是"弱水三千，只取一瓢饮"，痴情更是久久不忘，耿耿于怀，穿越时间和空间的隧道，印在脑海，放在过去，藏在心里，痴情也是情深义重，高风亮节。

痴情的滋味是苦涩的，"相见争如不见，有情何似无情"；痴情的过程是艰辛的，"花自飘零水自流，一种相思，两处闲愁"；痴情的人是孤独的，"似此星辰非昨夜，为谁风露立中宵"。和管儿分道扬镳后，元稹的世界并没有和管儿划清界限，分别二十年，元稹曾作

《春晓》《琵琶歌》《莺莺诗》等诗歌，心中对管儿一直是念念不忘，谁不想与心爱之人"执子之手，与子偕老"？狠下心来与心上之人分离，内心该是如何痛苦和无奈。

煮一杯酒，温热曾经冰封的心，一口饮尽杯中酒，却饮不尽来这世间已经经历的沧桑，今在东北，明去西南。颠沛流离，居无定所，世事无常，心底的人儿不知是否安好，作一诗，弹一曲，我一直试着遗忘你浪漫的目光，眼波流转，顾盼生辉，时光已去，还念过往。

多年后，元稹创作了举世闻名的传奇小说《莺莺传》，男主人公张生，女主人公崔莺莺，两个人的故事背景，发展结局和元稹与管儿的故事极其相似，这个故事也是《西厢记》的前传，是元稹的代表作品之一，史学家陈寅恪读《莺莺传》说："《莺莺传》为微之自叙之作，其所谓张生即微之之化名，此固无可疑。"鲁迅在《中国小说史略》中说道："《莺莺传》者，即叙张、崔故事，元稹以张生自寓，述其亲历之境。"作一篇故事，文饰悲伤，把他们的相遇点墨成字，凝结成永恒，不管时光如何流逝，一幅一帧的画面都会被唤醒，从模糊到清晰，睡梦之中，手持属于他和她的文字，如梦的仙境，她翩然而至，带着如沐的春风，看着她的一颦一笑，仿佛回到那一年，他们的初遇。她还是那样美丽，而他早已饱经风霜，白了三千青丝。

著一本书，写满他们的爱情，记录他们相恋的每一件小事，记载他们传送过的每一首小诗，简短，却包含元稹和管儿的情意。把元稹抛弃管儿的事实写在书里，把他对她的狠心和薄情也写下，让世人看到，读到，他曾错过了一个好姑娘，她曾爱他深似山海，可他却年少轻狂，追名逐利。元稹写下这个故事，让更多的人知道他们的故事，他愿意接受众人的批判和谩骂，愿他们的故事世代相传。

乍可为天上牵牛织女星，不愿为庭前红槿枝。

七月七日一相见，相见故心终不移。

那能朝开暮飞去，一任东西南北吹。

分不两相守，恨不两相思。

对面且如此，背面当何知。

春风撩乱伯劳语，况是此时抛去时。

握手苦相问，竟不言后期。

君情既决绝，妾意已参差。

借如生死别，安得长苦悲。

——元稹《古决绝词》（其一）

元稹与管儿分别二十年还对她念念不忘，做文章以兹纪念，也有人说《莺莺传》为元稹的忏悔录，实为痴情。但不念旧情，薄情寡义，始乱终弃，抛弃对他始终如一的管儿，后来甚至说其为尤物，又作《古决绝词》三首，令其终日以泪洗面，无心与人长相厮守，又是着实地薄情，这份爱中，元稹，终是道是痴情亦薄情！

年复一年，过往皆为云烟，谁是谁非，谁解其缘？

第二节　秦晋之好入高门

谢公最小偏怜女，自嫁黔娄百事乖。

顾我无衣搜荩箧，泥他沽酒拔金钗。

野蔬充膳甘长藿，落叶添薪仰古槐。

今日俸钱过十万，与君营奠复营斋。

——元稹《遣悲怀三首》

婚姻是最终的幸福追求，是开启完整人生的钥匙，是创造更多美满时刻的开始。婚姻是清月，有圆有缺；婚姻是诗歌，有哀愁的呻吟也有喜悦的欢唱；婚姻是旅程，可策马奔腾也能细水长流。

婚姻的圆满才是人生的圆满，最孤独的风景是一个人看风景，世界很美，要牵着一个女人，走过大风大浪，看夕阳西下，看花开花落，看云卷云舒。

"桃花开落复七载，处处翻新风不变"，又是一个七年过去，大唐和元稹在风云变幻中接受着洗礼，蜕变。这七年，元稹一直经历着感情的抉择和风浪，而大唐却面对着越来越大的汹涌澎湃。

贞元十二年（796），将领邓惟恭等人作乱，后被董晋所平息。一波刚平，一波又起，贞元十年（798），长武城神策军作乱，叛军人数高达十五万人，明州镇将栗锽联合山越起事，攻陷浙东郡县。前有豺狼，后有虎豹，宣武军作乱五次，士卒骄横，破败的长安城，"溪云初起日沈阁，山雨欲来风满楼"，但长安城是顽强的，贞元十七年（801），朝廷为减轻吐蕃对西线边境的压力，皇帝命剑南军主动出击，在维州等地与吐蕃军作战，八月至十月，两军多次交战，大唐军队击溃吐蕃军队十六万，先后攻取城池七座，军镇五座，焚毁堡垒多达一百五十个，斩杀数万余人，俘虏六千人，受降三千余人。

大唐的士兵一身傲骨，大唐的士兵骨子里流着顽强的血液，一腔热血仅为精忠报国，他们是勇猛的战士，是不畏惧死亡。不害怕流血的勇士。他们的步伐只有前进，没有后退，奋勇杀敌，愿意为大唐的东山再起流尽最后一滴血，让敌人永远不能侵犯祖国的领地。他们拼命地嘶吼，呐喊，坚持，后方有祖国，后方有家人，他们的身躯可以被践踏，但是祖国和家人不能受到一丝一毫的伤害。一将功成万骨枯，默默流血，默默奉献伟大的生命。虽然姓名不被铭记，灵魂终会高尚、升华。

国是最大家，家是最小国，还没正式走上仕途之路的元稹平时的日子里大多还是以学习为主。贞元十八年（802）冬，离开蒲州回到长安的元稹再次参加吏部考试，次年春，中书判元稹拔萃科第四等，授秘书省校书郎。

贞元十九年（803），二十四岁的元稹与大他八岁的白居易同登书判拔萃科，并入秘书省任校书郎，从此二人成为生死不渝的好友。元稹出身贫贱，门第不高，只有入仕以后，才有攀附高门的资本。这时，元稹正值风华正茂，才华横溢，自然就把终身大事提上了日程。

古人就有先成家再立业之说，男人娶了妻子，便没有了后顾之忧，可以全心学习，考取功名，光宗耀祖。成家也意味着必须独当一面，意味着真正的成长，意味着可以承担责任，三思而后行，不会意气用事，不会盲目冲动。

据韩愈《监察御史元君妻京兆韦氏墓志铭》说："选婿得今御史河南元稹。祺时始以选校书秘书省中。"元稹授校书郎后不久便娶韦夏卿之女韦丛为妻。

韦丛，字茂之，韦夏卿嫡出季女，生于建中四年，母裴氏。裴氏乃裴皋之女，裴耀卿孙。生不月而母裴氏殁，由庶母段氏抚养长大，育有一女。贤良淑德，通情达理。是元稹的发妻，也是元稹一生挚爱的女人。

发妻一说，来源于古代，一对男女成亲，在洞房花烛夜之时，会帮对方盘头发，将男子和女子的发尾相互交缠打结，称为结发，故夫妻称为结发夫妻，妻子则称为发妻。元稹的一生有很多的红颜知己，但是妻子只有一个，那就是韦丛，这个地位是任何人都无法撼动的，更是不可取代的。

古时有四大喜事：久旱逢甘霖，他乡遇故知，洞房花烛夜，金榜题名时。元稹成亲，完成四大喜事之一，实乃可喜可贺。

太阳初升，朝阳微露，屋内新娘晨起，众人皆忙，凤冠霞帔，胭脂水粉，浓妆淡抹，出水芙蓉。屋外红布高挂，锣鼓齐鸣，琴瑟友之。微之茂之跪别父母，感恩养育。一拜天地，二拜高堂，夫妻对拜，送入洞房。执子之手，与子偕老。高堂父母，泪洒伤心地，有深深的感动，有浓浓的不舍，有真真的祝福。如问座中泣下谁最多，元母郑氏青衫湿。

时间过得太快，昨日青丝今日白，她青春的容颜消逝了，她稚嫩的孩子成家了。逸之，你在天堂也一定在目睹这美好的一切，我没有让你失望，我们回到长安了，你也可以瞑目了。红烛彻夜燃烧，新人相守白头，带着亲人和宾客的祝愿走向地老天荒。

韦丛二十岁嫁给元稹，虽然是父母之命媒妁之言，但是韦丛对元稹也是倾慕的，读过元稹的诗，对他的才华很是欣赏。和元稹共结连理，心中是愿意的。只是这相伴的日子也不过七年。

元稹与韦丛成亲之时，正是其科举落榜，最为失落之际，但韦夏卿欣赏元稹的才华，相信他日后定能平步青云，步步高升。韦夏卿，字云客，杜陵人，官至尚书，《全唐诗》中存诗三首，谥号简。著有诗歌《送顾况归茅山》《和丘员外题湛长史旧居》等。

贞元十九年（803）十月，岳父韦夏卿授东都洛阳留守，赴东都洛阳上任，由于韦丛是"谢公最小偏怜女"，割舍不下，于是元稹、韦丛夫妇一同侍奉韦夏卿赴洛阳，元稹夫妇就住在东都洛阳履信坊韦宅。元稹次年初才返回京城，而依据元稹诗文韦丛则久居洛阳，这一阶段元稹因家事多次往返于京城与洛阳。

关于这桩婚姻，后人多指元稹攀附权贵，毕竟元稹狠心抛下了自己一见钟情，用情至深但是有钱无势无权的管儿，而答应了娶与之来往甚少，感情甚浅，父亲却是朝廷官员的韦丛。在众多的评价之中，陈寅恪的评价最为苛刻："微之所以弃双文而娶成之，及乐天、公垂诸人之所以不以其事为非，正当时社会舆论道德之所容许。但微之因当时社会一部分尚沿袭北朝以来重门第婚姻之旧风，故亦利用之，而乐于去旧就新，名实兼得。然则微之乘此社会不同之道德标准及习俗并存杂用之时，自私自利。综其一生行迹，巧宦固不待言，而巧婚尤为可恶也。岂其多情哉？实多诈而已矣。"

韦夏卿时任京兆尹，不久改任太子宾客、检校工部尚书。太子宾客是东宫属官，职位并不高，检校工部尚书为虚职，由此可知元稹与韦丛共结连理之时韦夏卿的官运并不是十分顺利。据其诗文所述，韦夏卿已有归隐田园之意。三年后，韦夏卿便驾鹤西去，那时元稹仅为校书郎。元稹和韦丛的结合仅在经济上得到了接济，政治上并未得到辅助。

元稹对韦丛是真心的爱，再也没有一个女人能带给他这样的感动和扶持。元稹的一生创作了大量的诗歌，多达八百余首，其中以悼亡诗最为著名，他的悼亡诗都是写给自己的妻子韦丛的，《遣悲怀三首》创作于元和四年（809），韦丛去世后的两年。

韦丛是韦夏卿最小的女儿，从小被家中视为掌上明珠，衣食无忧。可自从嫁给元稹后便结束了这种衣食无忧的生活。当时元稹任职校书郎，按照唐朝官员品级，分为九品三十级，校书郎隶属正九品上官衔，归秘书省管理，俸禄不高，韦丛和元稹婚后的生活并不是很富裕。一句"顾我无衣搜荩箧，泥他沽酒拔金钗"将两个人贫穷的生活描写得淋漓尽致，元稹没有好的衣衫穿，韦丛就在箱子里找，元稹没有酒喝，便从头上拔下金簪去换酒。"野蔬充膳甘长藿，落叶添薪仰古槐"，更是详细地写了二人简朴惨淡的生活，韦丛用野蔬充饥还说食物甘甜美味，用落叶做柴取暖，用枯枝做炊煲饭。

清代文学家黄叔灿在《唐诗笺注》中这样评价此悼亡诗，此微之悼亡韦氏诗。通首说得哀惨，所谓贫贱夫妻也。"顾我"一联，言其妇德，"野蔬"一联，言其安贫。俸钱十万，仅为营奠营斋，真可哭杀。旁人都能从中感受到韦丛的好，又何况是元稹呢？

韦丛陪伴在元稹的身边无怨亦无悔，从山珍海味到吃糠咽菜没有任何怨言，只是陪伴，陪伴在元稹身边，没有任何要求，默默地支持，默默地鼓励，默默地陪伴。男子若有福，必能娶到贤良淑德的发妻，同你风雨同舟，患难与共，不离不弃。

元稹与韦丛婚后是十分恩爱的，相敬如宾，举案齐眉，相互温暖，关怀备至。韦丛的爱是看着元稹在微弱的灯光下奋笔疾书，韦丛的爱是元稹失意时的支持鼓励，软声细语。韦丛是美丽的，韦丛是贤惠的，韦丛是聪慧的，在元稹的心中，她把从姑娘到妻子的转变做到完美。除了母亲郑氏，韦丛让元稹感受到了人间温暖，感化了他的心灵，能爱她是福，是上天的恩赐，是她教会了他什么是甘苦与共，什么是无怨无悔，什么是刻骨铭心。

第三节　若道无缘却相见

殷红浅碧旧衣裳，取次梳头暗淡妆。

夜合带烟笼晓日，牡丹经雨泣残阳。

低迷隐笑原非笑，散漫清香不似香。

频动横波嗔阿母，等闲教见小儿郎。

——元稹《莺莺诗》

爱恨情愁，人事冷暖，纠纠缠缠，像藤蔓缠绕，像根刺扎在身体里，总是让人想起，唤醒或喜或悲的记忆。有的记忆被装在贝壳里，一直被放置，偶尔听一听过去的声音，每一段对话都让人不禁莞尔，也许会被遗忘，却一直在身边。有的记忆像飞在海边的风筝，断了的线还紧紧握在手中，可是只能眼睁睁地看着它飞走飞远，飞向一望无际的大海，最终看不见，什么都做不了，徒留心伤。

是人就会藕断丝连，就会念念不忘，风过留痕，雁过留声。用一分钟的时间记住一个人，却要用一辈子忘记一个人。一根红线，一段情缘，一滴泪，一个故事，一次相恋，一生缠绕。是人都有自己的无可奈何，"动心容易痴心难，留情容易守情难"。管儿，一个美丽的姑娘，一个元稹曾经动过心的姑娘，一个元稹在她身上留了情的姑娘，一个他明知很好却还是狠心辜负了的姑娘。这样一个姑娘，元稹念念不忘，牵系了一生。

世人皆为凡夫俗子，有生老病死，有酸甜苦辣咸，有"看不透、输不起、放不下、舍不得"四苦。管儿之于元稹就没能逃脱这四苦，自己种下了因，却不愿吃这果，女人之心如海底之针，管儿的心他看不透了，风云变幻，人心也变了样。

元稹与韦丛成亲后一次公务在外，路过蒲州，来到管儿和夫君所在府上，以表兄的身份求见管儿，只是时过境迁，管儿已嫁作他人妇，坚持不见，只叫自己的夫君招待。

求而不得，元稹的心中十分失落，还有些许怨恨，连日赶路加之未见管儿，脸上尽显疲惫，再不像从前那样容光焕发。管儿听夫君描述在私下写了一首诗："自从消瘦减容光，万转千回懒下床。不为旁人羞不起，为郎憔悴却羞郎。"本以为元稹吃了闭门羹会离去，没有想到他却一直赖着不走。

"先寄诗于管儿者，微之也，抛管儿而去京者，微之也，言管儿尤物者，展赠物者，微之也，今成家后求见管儿者，微之也。事事起因，皆为微之。管儿已皆为人妇，今行此为，叫管儿情何以堪？"几天之后，元稹道别，管儿终于答应见他一面，和夫君一起送别元稹，这是元稹和管儿的最后一次见面，管儿作了一首诗送给元稹："弃我今何道，当时且自亲。还将旧时意，怜取眼前人。"

时光荏苒，韶华不再，短短的几年时间，天翻地覆。两个人从相识到相许再到分别，如今已经形同陌路。他已娶，她已嫁，既然当初选择抛弃，如今就不必再说，从前不珍惜，现在也不能珍惜，还是把曾经对我那份真心实意放在眼前人的身上吧！

一诗诀别，往事翻过，怜取眼前，各自安好。此时的管儿已经将她和元稹的那段过去彻底放下，开启崭新的生活，对待元稹已经完全释然。在情关面前，元稹则没有管儿潇洒，见管儿如此，心中更加悲伤。这一次元稹没有再留恋，转身上马，策马前行，眼中不见阳光，不见绿荫，唯有枯藤老树昏鸦。夕阳西下，空旷的野地，断肠人在天涯。

元稹对管儿动心也痴心，留情也守情，曾经的狠心让管儿对元稹彻底死了心，从此各自奔天涯，一条阳关道，一座独木桥，今日一别，再无相见。元稹对管儿是牵系了一生，到了生命的尽头也未能释怀，那是他人生的遗憾，相爱不能相守的遗憾，是他自己造成了今天的局面。昨日的狠心，今日的绝情，感情之事，来易来，去难去。缥缈的人生，数十载的人世游中，分易分，聚难聚，这爱与恨的千古愁，又有几人能逃得过。

人生无处不相逢，不是在这里，就是在那里；人生无处不分别，不是这一时，就是下一时。这一次之后，元稹再没来过，或许真的是结束的时候了，有些人就是要活在记忆里，伴着你走过每一个春夏秋冬。不见不是不想念，分别了多久，元稹都还没能忘记管儿。

思念的表达方式多种，去除见面还有其他，自此元稹把对管儿的思念都写在了诗里。除了这首《莺莺诗》，元稹还写过《会真诗三十韵》《杂忆五首》。

方喜千年会，俄闻五夜穷。

流连时有限，缱绻意难终。

慢脸含愁态，芳词誓素衷。

赠环明运合，留结表心同。

——元稹《会真诗三十韵》节选

两首诗都是描绘元稹和管儿相亲相爱时的场景，纵然十载已过，还是能清晰想起管儿曾经穿过的衣裳，每一丝线条，每一缕色彩，那亭亭玉立的姑娘都仿若在眼前，她的一颦一笑，她的浓妆淡抹，都挥之不去。她送给他的每一件信物，玉佩，发簪，同心结，虽然不在手上，却好似在手上，紧握着双手，就好似握住了过去的一切。

　　深院无人草树光，娇莺不语趁阴藏。

　　等闲弄水浮花片，流出门前惹阮郎。

——元稹《古艳诗二首》（其二）

　　《古艳诗二首》共有两首，每一首里面都有一个"莺"字，合在一起正好是管儿的小名，莺莺。诗句里暗藏的深意不言而喻，"莺莺"，简简单单的两个字，他牵挂了一生，想见却见不得，曾经拥有却不知珍惜，曾经深爱却狠心伤害，曾经亲密无间的两颗心，生生地把自己推向天南，把管儿的心推向海北。是他自作自受，当年自己年少轻狂，没能认清自己内心最真实的想要，不知道人生苦短，能找到一个彼此深爱的良人是多么的不容易，老天爷眷顾他，他却没有好好珍惜。还写了那至今都悔恨的《古决绝词》，现在想来可笑至极。

噫春冰之将泮，何予怀之独结。

有美一人，于焉旷绝。

一日不见，比一日于三年，况三年之旷别。

水得风兮小而已波，笋在苞兮高不见节。

矧桃李之当春，竞众人而攀折。

我自顾悠悠而若云，又安能保君皑皑之如雪。

感破镜之分明，睹泪痕之余血。

幸他人之既不我先，又安能使他人之终不我夺。

已焉哉，织女别黄姑。

一年一度暂相见，彼此隔河何事无。

　　　　　——元稹《古决绝词》（其二）

　　年轻时，他放弃了，抛弃了，以为那只是一段感情，后来才明白，其实那是他的一生。打击封锁了元稹的心房，但是他相信，只有心不苦死，生活便不是一潭死水，而他，依然也会在生活中绽放出最美的姿态，即使脸上的笑容不是十分真心，即使心里还是有些不甘。人生最痛苦的时刻，莫过于在人生已经不可能回头的时候想要回头，在无法后悔的时候想要后悔，在无法挽回的时候想要挽回。

人生是一场漫长的修行，即使漫长，也总会结束，不必太过强求。有些人注定要走，便不要再留，有些人注定留不住，便潇洒地放她走，给她想要的自由，有些人注定要留在回忆里，便不要再相见，有些事注定会后悔，那就用一生去忏悔，有些事注定要失败，那就从失败中汲取教训，有些事注定要被缅怀，那就好好珍藏，不与旁人言语，封锁成专属回忆。看懂了一些，心里也得到些许慰藉，元稹回归了家庭，与韦丛恩爱有加，时刻记着管儿的那句，"还将旧时意，怜取眼前人"，他的眼前人就是韦丛。另外还在读书学习，校书郎这个职位是不能让父亲含笑九泉的。放弃的，不再去想，只有还没到达的未来是值得追逐的，而梦想的意义要远大于去挽回无法挽回的。

第四章

高山流水和知音

第一节　谊同金石莫逆交

秋丛绕舍似陶家，遍绕篱边日渐斜。

不是花中偏爱菊，此花开尽更无花。

——元稹《菊花》

友谊是雪中送炭的那捆柴，友谊是锦上添花的那支国香，友谊是龙腾虎跃的乐曲，有友谊，空山能开出烂漫山花，有友谊，孤单远行能有人一路相伴，有友谊，一杯苦茶能有人与你共饮。人人都渴望，人人都期待，人人都需要，美过罗浮仙子，亮过满天星辰，抵过万里河山。

从古到今，历史上不乏珍贵的友谊，廉颇和蔺相如的刎颈之交，陈重和雷义的胶膝之交，左伯桃和羊角哀的舍命之交，刘关张三人的生死之交，管仲和鲍叔牙的管鲍之交，每一个故事都被传为佳话。白居易和元稹合称"元白"，也是历史上有名的一对知心朋友，后人更有说："文人之情，莫甚于元白。"元稹和白居易的友情是中唐历史的一段传奇，一段佳话，

元稹和白居易相识于贞元十九年（803），两个人同授校书郎，一见如故，开始了"同年同拜校书郎，触处潜行烂漫狂"的生活，白居易曾作诗描述两个人的相遇。

忆在贞元岁，初登典校司。

身名同日授，心事一言知。

——白居易《代书诗一百韵寄微之》节选

后来白居易又用"然自古以来，几人号胶漆"来形容自己和元稹的友谊。那时的元稹和白居易还没有正式步入仕途之路，只是在翰林院编撰书的校书郎，对官场的黑暗、腐败，当朝者的昏庸、无能，宦官横行霸道、权倾朝野，边境的兵荒马乱，百姓的水深火热无可奈何，只能冷眼旁观，黯然神伤。他们能做的就是做好自己的本职工作，闲暇时间相伴出游，流连于花前月下，高山流水，层叠峰峦，白居易曾作诗《赠元稹》来描写和元稹的日常生活。

自我从宦游，七年在长安。所得唯元君，乃知定交难。
岂无山上苗，径寸无岁寒。岂无要津水，咫尺有波澜。
之子异于是，久处誓不谖。无波古井水，有节秋竹竿。
一为同心友，三及芳岁阑。花下鞍马游，雪中杯酒欢。
衡门相逢迎，不具带与冠。春风日高睡，秋月夜深看。
不为同登科，不为同署官。所合在方寸，心源无异端。

——白居易《赠元稹》

近两年的时光，元稹和白居易几乎走遍了长安的每一个转弯，每一个巷口，每一条街道。一路风景一路歌，一路畅游一路诗。

元稹和白居易能够成为生死之交的朋友，是因为他们有相同的遭遇——被贬谪，除此之外，两个人的求学之路和人生抱负也是不谋而合。

白居易生于大历七年（772），元稹生于大历十四年（779），白居易长元稹八岁。白居易字乐天，号香山居士，又号醉吟先生。白居易刚刚出生家乡就发生了战乱，他的父亲为躲避战乱，将家人迁居宿州，和元稹一样家境贫寒并且没有在故乡度过童年时光。白居易和元稹同样刻苦学习，口有疮手出茧，年纪尚小便生出白发。

后两人在翻阅典籍修正书中错误时渐渐熟络，最初的拘谨渐渐消散。直到一次两人饮酒时聊起人生抱负和理想，惊觉发现竟是如此的不谋而合，未进仕途的二人满腔热血，从小接受儒家文化的熏陶，中规中矩地走着修身齐家治国平天下之路，身强体壮，一身肝胆，满腔赤诚，不畏奸佞，耿直孤傲，如深林中的绿竹，坚强不摧，复结合两个人的儿时遭遇，顿时惺惺相惜。

对于两个人结交的原因，白居易曾在诗中提过。

昔我十年前，与君始相识。曾将秋竹竿，比君孤且直。
中心一以合，外事纷无极。共保秋竹心，风霜侵不得。
始嫌梧桐树，秋至先改色。不爱杨柳枝，春来软无力。
怜君别我后，见竹长相忆。长欲在眼前，故栽庭户侧。
分首今何处，君南我在北。吟我赠君诗，对之心恻恻。

——白居易《酬元九对新栽竹有怀见寄》

时间会走，人会老，回忆会落灰尘，曾经在你身边的过客会被遗忘，而彼此相待的朋友会思念你，再远的距离都不会淡漠，再长的时间都无法搁浅，再艰难的方式都不能抵挡，再强硬的力量都无法阻拦，元稹和白居易亦如黑夜中的星辰，相互光照，相互星辉，彼此鼓励，彼此相望。朋友间的那份深情也逐渐镶嵌在默默的关怀之中，他们在一起的时间并不长，只有两段，但是真正的友谊无须天天见面，也能一直心意相通。

除了"孤且直"的秉性相通，元稹和白居易还具有共同的爱好，他们都喜爱菊花。在元白之前的中国文坛上，描写菊花的诗人不在少数，最为有名的是东晋大诗人陶渊明，他的"采菊东篱下，悠然见南山"写出了诗人超脱尘世，热爱自然的情趣。与陶渊明的闲适恬淡并不完全相同，元白写菊花则寄托着他们的远大志向。元稹的挚友白居易的"耐寒唯有东篱菊，金粟初开晓更清"借咏菊之耐寒傲冷逸清香亮霜景，自况言志。

但元稹的《菊花》却与其他描写菊花的诗歌有所不同，诗歌简洁，没有太多华丽的辞藻，却将诗人对菊花的喜爱之情展现得淋漓尽致。第一句"秋丛绕舍似陶家"，一个"绕"字描写出诗人家中所种菊花之多，不能一目了然，菊花之多，好似走进了晋代陶渊明的家中。"遍绕篱边日渐斜"，一句话写出作者对菊花的喜爱，天大亮的时候就在园子里看着菊花，流连忘返，到了日落西山才晓得原来观赏了这么久。最后两句表达出作者喜爱菊花的原因，深秋时节，百花凋谢，但是满园的菊花还是亭亭玉立，娇艳绽放，不畏萧瑟的秋风，不惧寒冷的白霜，此高风亮节，与作者的品质是如此的相似，看着菊花，就仿若看到自己，这样的菊花，作者又怎能不爱?

中国一直是一个讲究礼教的国家,不同的朝代也有
着不同的宗教信仰,隋炀帝时奉行佛道并重的宗教政
策,唐高祖武德八年确定了道先、儒次、佛末的三者次
序,武则天时期曾一度偏尚佛教,唐玄宗时,道教达到
鼎盛时期,同时封孔子为文宣王。到了中晚唐时期,由
于战乱,道教相对低迷,延续尊本崇道政策,不过也有
人打着道教的旗帜宣扬迷信,满城风雨,人心惶惶。

元稹的信仰是道教,在此还有一个关于白居易兄弟
和元稹的故事。元和四年(809)三月,元稹启程去东
川,他选择走距离最近但艰险的骆谷道。骆谷道首经骆
口驿,元稹在驿站里休息时,见到驿站墙上有好友白居
易留下的诗句,于是题诗一首。

邮亭壁上数行字,崔李题名王白诗。

尽日无人共言语,不离墙下至行时。

二星徼外通蛮服,五夜灯前草御文。

我到东川恰相半,向南看月北看云。

——元稹《骆口驿二首》

写完将诗传回长安,白居易回诗。

拙诗在壁无人爱，乌污苔侵文字残。

唯有多情元侍御，绣衣不惜拂尘看。

——白居易《骆口驿旧题诗》

　　随后元稹出骆谷至汉中，发生了一件中国文学史上千里共良宵的传奇佳话。元稹任监察御史，奉命去四川南部地区任职，走了近十天，白居易，白居易的弟弟白行简，还有陇西的李杓直去曲江游玩，在慈恩寺参观游玩了很久，晚上去李杓直的府上喝酒，这时白居易想到了元稹，说道："微之应该到梁州了。"还题了一首诗。

花时同醉破春愁，醉折花枝作酒筹。

忽忆故人天际去，计程今日到梁州。

——白居易《同李十一醉忆元九》

　　近十日后，白居易收到元稹的信，信后赋诗一首。

梦君兄弟曲江头，也入慈恩院里游。

属吏唤人排马去，觉来身在古梁州。

——元稹《纪梦诗》

白居易言微之应该到梁州和元稹给白居易写信的日子是同一天，实为"身无彩凤双飞翼，心有灵犀一点通"的真实写照。

元稹再走至嘉陵驿，望见浩浩嘉陵江水，有感而发。

嘉陵江岸驿楼中，江在楼前月在空。
月色满床兼满地，江声如鼓复如风。
诚知远近皆三五，但恐阴晴有异同。
万一帝乡还洁白，几人潜傍杏园东。

——元稹《使东川江楼月》

白居易回诗道。

嘉陵江曲曲江池，明月虽同人别离。
一宵光景潜相忆，两地阴晴远不知。
谁料江边怀我夜，正当池畔望君时。
今朝共语方同悔，不解多情先寄诗。

——白居易《江楼月》

元稹行至利州嘉陵驿，想起了当初的初恋，也就是《莺莺传》的女主角崔莺莺，赋诗一首，以表哀愁。

嘉陵驿上空床客，一夜嘉陵江水声。

仍对墙南满山树，野花撩乱月胧明。

墙外花枝压短墙，月明还照半张床。

无人会得此时意，一夜独眠西畔廊。

——元稹《嘉陵驿二首·篇末有怀》

白居易回诗。

露湿墙花春意深，西廊月上半床阴。

怜君独卧无言语，唯我知君此夜心。

不明不暗胧胧月，不暖不寒慢慢风。

独卧空床好天气，平明闲事到心中。

  ——白居易《酬和元九东川路诗十二首·嘉陵夜有怀二首》

  白居易在说，我知道你晚上一人孤寂无眠时的心情。

  这年三月末，元稹行至望驿台，因思念结发妻子韦丛，作《望驿台》一诗。

可怜三月三旬足，怅望江边望驿台。

料得孟光今日语，不曾春尽不归来。

——元稹《望驿台》

白居易闻之，赋诗一首，以表慰问：

靖安宅里当窗柳，望驿台前扑地花。
两处春光同日尽，居人思客客思家。

——白居易《望驿台》

后元稹出守越州时，白居易正任杭州刺史，空间的距离并没有淡化两个人之间的友谊，元稹虽被贬谪，仍经常创作诗歌，每有新作，元稹便装入竹筒送往杭州给白居易，白居易如有新作也装入竹筒遣人送往越州，这段故事被传为"竹筒递诗"的千古佳话。

白居易和元稹，似金石般的友谊，无论岁月流过多少时间，能闪闪发亮，光芒四射，是彼此人生中最宝贵的一笔财富，更是他人可遇而不可求的。

第二节　初露锋芒状元郎

人生莫依倚，依倚事不成。君看兔丝蔓，依倚榛与荆。

荆榛易蒙密，百鸟撩乱鸣。下有狐兔穴，奔走亦纵横。

樵童斫将去，柔蔓与之并。翳荟生可耻，束缚死无名。

桂树月中出，珊瑚石上生。俊鹘度海食，应龙升天行。

灵物本特达，不复相缠萦。缠萦竟何者，荆棘与飞茎。

——元稹《兔丝》

绚丽的彩虹在狂风暴雨之后才会出现，美丽的蝴蝶也要经历痛苦的挣扎，洁白的珍珠也要长时间的孕育，"不经一番寒彻骨，怎得梅花扑鼻香。"每一种成功都不是轻松容易迎来的，都是刻骨铭心，痛彻心扉的。太容易得来的成功不会被珍惜，因此，成功之前才有苦难和挫折，这样才会被重视，才会觉得珍贵。

在古代"金榜题名"是人生四大喜事之一，来之不易。金榜题名如春风拂面，名落孙山可泪流成河，多少寒窗苦读，挑灯夜战，如此不易怎能不重视？李白因出身商贾无缘应试，只好云游四海喝酒吟诗；李贺为避讳父名无法应考，郁闷感伤二十七岁便英年早逝。金榜题名是每个学子的追求，每个学子的梦想，每个学子的目标，他们都渴望因此改变自己的命运，摆脱贫穷，光宗耀祖。

在京的几年，除了游山玩水，元稹和白居易都准备参加制科考试。元和元年初（806），白居易与元稹罢职校书郎，移居到上都华阳观，闭户读书，呕心沥血。历时一个月的时间，构成策目七十五门，乐天将其命名《策林》，书中揭露当朝腐败，社会的黑暗，抨击朝廷宦官及帝王之过。如是平常，此举乃大逆不道，罪恶滔天。

幸运如元稹，这一年，唐宪宗李纯初登帝位，国事繁忙，遂将制科考试之事交由宰相韦贯之主持。韦贯之，名纯，直言进谏，刚正不阿，见元稹文章，心情十分愉快。"有志者，事竟成。"四月，元稹和白居易同登才识兼茂明于体用科，两人双双胜出，同时及第，登第者十八人，元稹为第一名，授左拾遗，职位级别为从八品。"精诚所至，金石为开"，有梦想的路上有坎坷，有荆棘，也有花海，也有更广阔的天地。一个人走在追梦的路上，会孤单，会彷徨，会脆弱，但是有个知己，时间会很快，再难的路也会迎刃而解，两个人的力量能让夜晚的烛光发出更闪亮的光芒。

"天将降大任于斯人也，必先苦其心志，劳其筋骨，饿其体肤。"每个要走向成功的人都要走过考验这一步，每一次的考验都是人生中宝贵的财富，经历过考验的人更加坚强，眼泪不轻易夺眶而出，脆弱的肉体也不轻易流出血液。考验如同一座巍峨的高山，走过陡峭的山崖就能看到壮丽的景色，走向成功，实现自己坚持已久的梦想。而意志不坚定，不能忍耐苦痛和折磨，自然走不到山顶，也许能平安地下山，过平凡的生活，但也许会从山上滑落，遍体鳞伤。

元稹就是一直坚持梦想，不畏任何考验，终于高中状元，名扬天下，这一年，元稹已经二十七岁，二十七岁，是人生的一个分水岭，真正地走向成熟，真正地成长。九泉之下的父亲可以含笑，含辛茹苦的母亲也得到了回报，妻子也与有荣焉。

然而初入官场的元稹如同新生婴儿一般，不知天高地厚，不知官场险恶，纯净的心如一张白纸，曾经以为险恶只是纸上谈兵，真正上了战场才明白要想对国家忠心耿耿地尽心尽力如走蜀道，难于上青天。

元稹性格锋利敏锐，事无不言。元稹最先向宪宗奉上一份《论谏职表》，请求宪宗能经常在延英殿召见谏官，让他们各抒己见，从谏如流才能查漏补缺，防微杜渐。后元稹奉上一篇《献事表》，向宪宗禀奏十件事：一教太子以崇邦本，二任王以固磐石，三要出宫人以消水旱，四论嫁诸女以遂人伦，五时召宰相以讲庶政，六求序次对百群以广聪明，七复正衙奏事以示躬亲，八许方幅纠弹以慑奸佞，九禁非时贡献以绝诛求，十省出入畋游以防衔橛。但是均没有得到重视，一片真心被抛，随后付之东流。

　　其间，有一段"诗鬼"李贺和元稹的故事，以致一千多年，元稹背负着睚眦必报，小人之心的骂名。

　　相传，元稹在明经擢第，任职校书郎之后曾前往李府拜访李贺，因当时李贺写了一首《雁门太守行》而名扬天下，元稹当时也身在京城长安，本身热爱文学创作，自然对李贺的诗歌有所耳闻，在读过李贺的《雁门太守行》之后，对李贺十分青睐、仰慕，特别是最后一句"报君黄金台上意，提携玉龙为君死"更是让元稹佩服得五体投地。这首诗透露出的感情让元稹深信他们两个人一定可以结为好友，就像他和乐天一样，因此，元稹慕名前往请教。

　　但是元稹没有想到"知人知面不知心"，他心目中爱国忠贞、大公无私的前辈却是如此的高傲自大、刚愎自用。自己对他是多么的尊敬，自己对他是多么的仰慕，自己对他是多么的敬佩。走进李府大门之前，元稹还一直在幻想两个人相见时的场景。虽然相传李贺面貌奇异，非同常人，但是元稹却不以为意，样貌是身外之物，"人不可貌相，海水不可斗量"，瞬息万变的世界，一切皆无定数，对任何人宁可高看一眼，也不能低视一次。

外在的俊俏是虚无缥缈的，岁月的流逝会让其改变，崇尚外表的美丽也是肤浅的，内在的美好和才华才是永恒的，才能永远得到尊敬和钦佩。元稹不会在意他的外貌，不会提起，更不会嘲笑。

想着进门之后，自己对表达出对他的尊敬和崇拜，四四方方一张桌，一边是他，一边是自己，也许还会有一壶酒，两个小酒杯，几盘小菜。畅谈各自的人生理想，今后如何报效国家，让大唐回到往日的辉煌，还可以讨论为官之道，谈论当前局势。也许自己还会对他讲起儿时辛酸的往事，讲自己的母亲如何坚强、含辛茹苦、忍辱负重地抚养自己长大，还可以向他请教诗歌的创作，给他介绍乐天，三个志同道合的人一定也会成为知己。

但是天不遂人愿，元稹的一路幻想却都被李贺的一句话浇灭。"明经擢第，何事来见李贺？"短短的十个字却满含贬低和鄙视，男儿志在四方，血气方刚，怎么能受如此的耻辱？元稹的脸色顿时涨红又褪去变得苍白，自小失去父亲，又因父亲去世不受兄弟待见，只有母亲一个人在身边，这种经历使得元稹的自尊心很强，也很容易受到伤害。如今乘兴而往，败兴而归便罢，却遭如此轻视和嫌弃，心情又如何能够风平浪静？手有些发抖，大腿似乎也失去知觉，头重脚轻，脑部眩晕，视线模糊，却还在努力不表现得太过明显，只轻轻地拂袖而去。

虽未见李贺奇异的面孔，但元稹已经想象到其丑陋的内心。元稹深知李贺是府第出身，自己地位卑微，见识鄙陋，而李贺少年得志，才华横溢，如今创作《雁门太守行》声名大噪，美名传扬长安城，锋芒毕露，还得到韩愈的赏识，自然不会轻易与他结识，本以为真心一颗能够打破这门第观念，不想……

时间是药，能够医治好身上的伤口，时间是风，能够吹走人曾受过的伤害，时间是雨，能够洗净人曾经沾染到的肮脏，时间唯一不能减退的就是人曾经受到的屈辱。不仅不能减退，反而会因时光的流逝而更加深刻，它牢牢地存在于最初产生的地方，日久弥新，时刻提醒着他的主人奋发图强，不能忘记曾经被贬低过，被轻视过，被嫌弃过，要努力，要进取，要勤奋，要用荣誉给它加冕。

自从那一日的屈辱，元稹从未忘记，几年来，元稹也没有再见过李贺，只是刻苦学习，继续生活。但冤家路窄，大唐元和四年（809），元稹成为进士科考的主考官，李贺却要报考进士。元稹在考试名单中看到李贺的名字，顿时在李府门外的画面浮现在眼前，"明经擢第，何事来见李贺？"一字一句还在耳旁回荡，反反复复，那么清晰，眼睛有些发红，对旁边的小官耳语几句，转身离去。

　　风水轮流转，今日"以其人之道还治其人之身"，几年时光转瞬即逝，"不是不报，时候未到"，元稹快步回到书房，准备上奏朝廷。奏折中这样描述，大唐是个讲究礼教的国度，不能随意取名犯了名讳，今闻学子李贺报考进士，不想其父名为李晋，"晋"字与进士中的"进"同音，须将李贺除名才合乎我大唐的礼法，也是对我大唐尊严的保护。

　　"好事不出门，坏事传千里"，很快此事便被渲染得满城风雨，凡听说此事者都大吃一惊，最为悲痛者，李贺也；最为气愤者，韩愈也。韩愈立即与李贺相见询问此事，令李贺回忆起他与元稹的过往，听李贺讲完前因后果，韩愈也不知所措，"君子报仇，十年不晚"，果真如此。虽然韩愈对李贺有些嗔怪，却还是在回到府上之后连夜写了一篇文章，上奏皇帝。

愈与李贺书，劝贺举进士。贺举进士有名，与贺争名者毁之。曰贺父名晋肃，贺不举进士为是，劝之举者为非。听者不察也，和而唱之，同然一辞。黄埔湜曰："若不明白，子与贺且得罪。"愈曰："然。"

律曰："二名不偏讳。"释之者曰："谓若言'征'不称'在'，言'在'不称'征'是也。"律曰："不讳嫌名。"释之者曰："谓若'禹'与'雨'、'丘'与'蓲'之类是也。"今贺父名晋肃，贺举进士，为犯二名律乎？为犯嫌名律乎？父名晋肃，子不得举进士，若父名仁，子不得为人乎？夫讳始于何时？作法制以教天下者，非周公孔子欤？周公作诗不讳，孔子不偏讳二名，《春秋》不讥不讳嫌名，康王钊之孙，实为昭王。

…………

——韩愈《讳辩》

官场风云，变幻莫测，无权无势，便被搁置，韩愈早已位卑权轻，因此他的这篇奏章并没有被重视，李贺在进士科考中被永久除名。"一失足成千古恨"，李贺曾经最大的梦想就是考取进士，但如今一切都烟消云散，没有留下一丝痕迹，毕生的希望被打碎，生命还有何意义？"吾年二十不得意，一心愁谢如枯兰。"回到家的李贺一度想过了结余生，但是父亲的去世却让李贺无法再轻视生命，原来李晋知晓儿子是因为自己名字的原因而被除名，内心十分自责，知子莫若父，他的儿子如此聪慧，一腔热血却被自己连累，大病缠身，久治不愈，此事一出火上浇油，不久，李晋便撒手人寰。"屋漏偏逢连夜雨，船迟又遇打头风"，家中少了支柱，李贺的人生满是乌云，大门不出二门不迈，郁郁寡欢，想着自己已经过世的父亲，想着自己没有光亮的未来，想着自己曾经骄傲自大的言语，一切咎由自取。

　　韩愈作为李贺的前辈见到这样的他，不知如何是好，千言万语最后只化成一声轻叹，风华正茂的才了之星就此陨落，太过惋惜。韩愈用尽办法终于给李贺谋得职位，只是一个九品官吏，与李贺心中所期待相差甚远，不久便英年早逝，带着哀怨，带着遗憾，带着眼泪，而元稹也因此成为害死李贺父子的罪魁祸首，百口莫辩，他不杀伯仁，伯仁却因他而死。

　　这段故事在《唐语林》中如是记载。

　　"李贺为韩文公所知，名闻缙绅。时元相稹以明经擢第，亦善诗，愿与贺交，诣贺。贺还刺，曰：'明经及第，何事看李贺？'元恨之。制策登第，及为礼部郎中，因议贺父名晋肃，不和应进士，竟以轻薄为众所排。文公惜之，为著《讳辩》，竟不能上。"

假使事实果真如《唐语林》所说，那么，元稹是为小人。李贺恃才傲物，年轻气盛，藐视来客，纵然不对，但元稹也不该怀恨在心，小肚鸡肠，拿着他人的前途乘机报复，官报私仇，欺人太甚，心胸狭窄，虐杀天才，实在过分。

　　但是依据元稹的生平经历，不难发现上述故事恐非事实。原因之一，李贺的《雁门太守行》的创作时间，一说为元和九年（814），李贺出生于贞元六年（790），逝世于元和十一年（816），《雁门太守行》在李贺去世两年前创作，但李贺因病辞官却是在元和八年（813），与上述故事发生先后顺序不符。

　　原因之二，另一说，《雁门太守行》创作于元和二年（807），但李光颜率兵支援叛军攻打的易州和定州却是在元和四年（809），同样时间上产生矛盾。

　　原因之三，元稹可能并未担任过礼部郎中，故不大可能参加讨论李贺科举考试的事。

　　元稹十五明经擢两第，后初露锋芒殿试第一名成为状元郎，难免会遭他人嫉妒，年少的元稹不懂得韬光养晦，也许有些狂妄自大，但是这些都不能作为中伤诬陷他的理由。做事言语重在公平公正公道，逝者已矣，怎能肆意编排，生而为人，务必善良。

第三节　不忘初心不负君

江瘴气候恶，庭空田地芜。烦昏一日内，阴暗三四殊。

巢燕污床席，苍蝇点肌肤。不足生诟怒，但若寡欢娱。

…………

东西生日月，昼夜如转珠。百川朝巨海，六龙蹋亨衢。

此意倍寥廓，时来本须臾。今也泥鸿洞，鼋鼍真得途。

——元稹《苦雨》

漫长人生旅途中，时光在走，脚步就不能停歇，走在路上，就要有目标和梦想，人生之路有太多的十字路口，没有一个目标，跟着自己的心行走，太容易迷失方向，一旦迷茫便会慌乱一时困顿，寻找方向的时间就是浪费时间，浪费时间就是浪费生命。即使是花费时间欣赏沿途的风景，也不可因迷失方向而误了时间，生命可贵，时间无价，人生在世只求年老时"不因虚度年华而悔恨，不因碌碌无为而羞愧"，最初的梦想即初心，不忘初心，才得始终。

元稹从小便接受良好的教育，官为百姓之父，百姓的主心骨，万事为民，但是有时就是如此事与愿违，元稹奉职勤恳，本来应该受到鼓励，可是因为锋芒太露，触犯权贵，反而引起了宰臣的不满，九月，元稹被贬为河南县尉。白居易罢官校书郎，亦出为县尉。

"志不求易，事不避难。"初心不忘，终得始终，无论身在何方，元稹都没有忘记自己为官的初衷，为国为民，虽然被贬通州，但仍不忘为百姓谋福。元稹在通州的四年，为通州百姓做了许多的好事，对通州的文化也产生很大的影响。

在通州的时候，元稹的身体并不是很好，差点儿撒手人寰，元稹用他那一颗坚强的心与病魔抗争。即使是生病，元稹也没有停下前进的脚步，对诗歌创作仍然是情有独钟。生命不息，创作不止，即使许多时候元稹卧病在床，不能起身，都还在继续自己的热爱，在通州，元稹创作了一百余首的诗歌。在此之前，通州的人对诗歌并无多少了解，也无多大兴趣，但是元稹的诗歌一经传诵，立即引起许多文人墨客和学子的响应，由此打开通州文学的闸门。

凡热爱文学者，争相拜访，谈创作之感想，论诗歌之妙处，相互切磋，相互学习，这对元稹是最大的安慰。元稹被贬通州，虽有佳人子女相伴，但是精神和内心都是孤独的，抑郁的，最好的朋友乐天在千里之外，心心念念的朝廷又将他抛弃至此，怎能甘心？怎能不寂寞？

　　此时此刻，有同样的热爱诗歌的人来拜访他，心中自是雀跃，身体上的疼痛似乎也都随之消退了，心病还须心药医，那些本来陌生的人，却成了治好元稹心病的医生。白此，元稹的生活终于再次"拨开云雾见青天"，明媚的阳光再次照耀在元稹羸弱的身躯上，照到有裂痕的心里去。来元府求访者络绎不绝，元稹也从终日郁郁寡欢到侃侃而谈，每有志同道合者来访，他便心花怒放，相见恨晚，你来我往，每日必有新作，改掉那些不对的，修饰那些不好的，一篇一篇，一页一页，一首一首，倾注的心血绽放出娇艳的花朵。从此，通州诗歌盛行，常有诗会，在元稹的努力下，一曲诗歌的文艺之风已在通州唱响。

　　创作诗歌之余，元稹最关心的还是百姓的生活，一颗忧国忧民的心注定要为百姓操劳，再多的辛苦也是心甘情愿，那是元氏子孙特有的优良传统，无私奉献，为国为民。元稹，不俗之人，他的创作也定是不俗之作，诗歌里不仅有通州优美的景色，还有通州的地理风情，既为官，走南闯北，查访百姓生活，如有不足，尽力改之。

通州可以很大，因为你走过的地方太少；通州可以很小，因为每个巷口都有你的足迹。只要目标在前面，心里看得清晰，前方的路就是宽敞的，脚下的路就是平坦的，没有到不了的地方，没有看不到的风土人情。短短几年，元稹几乎走遍通州的每个地方，对通州的人口、环境都有了一定的了解。每到一个地方，都与百姓亲切问候，他们的生活，他们的耕地收成，他们的节日习惯，轻声细语，给百姓以温暖，给百姓以关怀，给百姓以和善，没有一丝的气势，没有一点儿的冷脸，一句一句都透着真诚。

每每听到百姓的苦处，元稹都一一记录，给予他们安慰，回到家中认真研究如何解决百姓的问题，如何应对自然灾害和害虫对农作物的破坏，亲力亲为，不言辛苦，元稹的每一个行为都打在百姓的心上，不管最后的结果如何，百姓都牢牢地记住元稹为他们所做的一切，这样平易近人的官吏是如此的难能可贵，还有什么抱怨和不满？

皇天不负有心人。经过不懈的努力和齐心协力的研究，元稹带领大家为通州的百姓解决了不少的难题，通州百姓的生活变得更加富足快乐，清嘉庆《达县志》记载："通州，以元稹闻名。"

黎民皆知元稹身体欠佳，多次劝说，却依然没能阻挡元稹和百姓同舟共济的决心，身未倒，步不停，和百姓在一起，再难再苦都是幸福的，欣慰的，他相信祖先在天之灵也会为他欢呼喝彩的，他是元氏子孙，心系百姓，多难多苦都要和百姓在一起。人心都是柔软的肉体制成，有温度，有感知，元稹为百姓做了如此之多的事情，百姓自然不甚感激，通州百姓曾建"六相祠"来纪念元稹的功绩，虽只有一尊蜡像，却饱含了百姓对元稹的尊敬和爱戴，那样和蔼的笑脸，那样劳累的身躯，那样辛苦的研究，一幕幕，一幅幅，都印在百姓的脑海里，这样的官吏值得他们歌颂，赞扬。

除了农业，元稹对通州的吏政也进行了一系列的改革，元稹曾任监察御史，其间积累许多相关经验，针对通州的民风民情，废除之前的吏政，经过研究和修改，从百姓的角度出发，出台了新的通州吏政，为百姓谋得更多的福利，做到"简用纪律，农劝事时，赏信罚必，市无欺夺，吏不侵轶"。

四年时光，转瞬即逝，曾经的一幕幕都演变成了回忆，人生有聚有散，没有长久的相聚，也没有永远的分离。元和十四年（819）正月初九，元稹离开通州，通州百姓感激元稹，一路相送，依依不舍，有人追着马车，有人涕泗横流，有人登高而望。自从元稹离开，通州便多了一个节日——"元九登高节"。每逢农历正月初九，通州人民便不忘旧恩，相约前往凤凰山，风雨无阻，不到山顶誓不罢休，登高而望，回想起曾经在这里目送元稹离开的画面，想起元稹为百姓做过的每一件事情，想起元稹和他们说话时的慈善的面容。

对此，许多诗人曾在登高后赋诗描写元九登高节。梁上泉曾赋诗表达通州人民对元稹的怀念："达州原是古通州，山自轻轻水自流。元九登高怀元九，诗魂常伴凤凰游。"当代诗人半坡居士也曾作诗表达对元稹的祭奠："正月初九凤凰山，达州儿女共平安。登高祈福佳节日，遥祭元稹万里天。"每逢登高，祈求平安，祭奠清正廉洁、励精图治的元稹，人在山顶，虽不言不语，却似乎在冥冥之中和元九对话："因你，我们安好，愿你也在天堂无恙，保佑通州百姓。""你们安好我便好！"诗人李冰如也曾创作关于登高节的诗歌："元九逢元九，登高载酒来。相沿成美俗，共跻此春台。游盛知年富，饮稀觉岁灾。醉人还少见，况说赋诗才。"

自古，松树就是中国人民眼中坚定、贞洁、长寿的象征。松与竹、梅被称为"岁寒三友"，松树坚强、不畏严寒、枝叶坚韧的精神引得赞美松树的诗句数不胜数，诗人通过对松树的描述来诉说自己的志向，表达自己的品格。李白在《南轩松》中如此描写松树："何当凌云霄，直上数千尺。"高大的松树，长在悬崖之旁，生于高山之边，与云并肩，与天相连。杜甫在《古柏行》中说"霜皮溜雨四十围，黛色参天二千尺"，久经风霜，挺立寒空的古松，孤傲坚强，从一而终。杜荀鹤在《小松》中这样写松树："时人不识凌云木，直待凌云始道高。"默默无闻的松树，静静矗立在风中，雨中，温暖的春天中，寒冷的冬天中，卑微，渺小，高度不与云层媲美，便得不到认识。而元稹笔下的松树则别有洞天。

华山高幢幢，上有高高松。株株遥各各，叶叶相重重。
槐树夹道植，枝叶俱冥蒙。既无贞直干，复有冒挂虫。
何不种松树，使之摇清风。秦时已曾种，憔悴种不供。
可怜孤松意，不与槐树同。闲在高山顶，樛盘虬与龙。
屈为大厦栋，庇荫侯与公。不肯作行伍，俱在尘土中。

——元稹《松树》

"非淡泊无以明志，非宁静无以致远"是元稹的人生格言，舍己为人，将心比心，把每一个受苦的老人当作自己的父母，把每一个辛苦的壮士当作自己的兄弟，把每一个可怜的儿童都当作自己的孩子，因此每一次元稹的付出都带着无穷的力量和坚韧。只要是解决了百姓的问题，那就是一种成功，功无大小，只说多少。如果可以，元稹愿意用尽最后一丝力气去为黎民分忧，金钱只从手里过，留得一时，留不得一世，权力，宦海沉浮，从无定数，名声，金无足赤，人无完人，而淡泊名利，宁静致远是灵魂的升华，那是可望而不可即的境界，是永恒的拥有，始终如一，大公无私，才是不忘初心不负君。

第五章

官海惘然梦魇生

第一节　蒙受冤屈逐洛阳

敝宅艳山卉，别来长叹息。

吟君晚丛咏，似见摧颜色。

欲识别后容，勤过晚丛侧。

——元稹《和乐天秋题牡丹丛》

人是行驶在海上的一条小舟，有细水长流，也有大风大浪，西北东南，四处漂泊，能看到海天一色的美景，也会遇到让人不知所措的波涛汹涌，纵然有船浆，有风帆，也抵不过身在江湖的无可奈何和身不由己。生命是顽强的，道路是冗长的，海上的旅途是生命的探索也是探险，就在这无常的仕途中，元稹的心中始终怀抱着色彩斑斓的憧憬和大显身手的梦幻。

元和四年春（809），元稹被提拔为监察御史，奉命出使剑南东川，也是在这一年，元稹与薛涛相识。一次错误的相遇牵扯出来一生无法偿还的情债。

关于监察御史的职位等级，《大唐六典》卷《御史台》这样记载："唐朝御史台的基本构成：御史大夫一人，从三品；御史中丞二人，正五品；侍御史四人，从六品下；殿中侍御史六人，从七品上；监察御史十人，正八品上。"此时元稹的官职属于监察御史，正八品上。

而监察御史的职责在《新唐书》卷《百官三·御史台》也有记载：监察御史的职责是掌分察百寮，巡按州县，狱讼、军戎、祭祀、营作、太府出纳皆莅焉；知朝堂左右厢及百司纲目……分察尚书省六司，由下一人为始，出使亦然。兴元元年（784），以第一人察吏部、礼部，兼监祭使；第二人察兵部、工部，兼馆驿使；第三人察户部、刑部。岁终议殿最。元和中，以新人不出使无以观能否，乃命颛察尚书省，号曰六察官。

大唐的兴盛有目共睹，励精图治的皇帝也是名扬天下，唐高祖李渊是建立了大唐王朝，骁勇善战，一路披荆斩棘；唐太宗李世民的贞观之治任用贤才、广开言路；唐玄宗李隆基的开元盛世发展经济、鼓励生产；唐高宗李治的永徽之治勤于政事、事必躬亲；还有唐宪宗李纯的元和中兴积极改革、重用贤良。

对于元稹此一心一意为朝廷着想大公无私的官员，唐宪宗自然看重。元稹直言不讳，唐宪宗敲山震虎，齐心协力，一唱一和，肃清朝廷许多不法之人。唐宪宗在位十五年，弹劾事件二十一件，其中由元稹举报揭发弹劾的有十七件，这在整个唐宪宗时期，大唐时期，乃至整个监察御史的历史上都是没有人能够超越的。元稹著名的弹劾案例有两件，一件是弹劾工部尚书柳晟，另一件是弹劾东川节度使严砺。

工部尚书柳晟是朝廷重臣，位高权重，但是元稹依然无所畏惧，经过明察暗访，知晓柳晟知法犯法，在给唐宪宗进贡的贡品中有不符合规定之物，此事一出，朝廷哗然，唐宪宗颜面尽失，柳晟无地自容，官员也不知如何是好，欲言又止，心里为元稹捏了一把冷汗，但元稹依然昂首挺胸，站立于大殿之上，等待圣上对柳晟的发落。

严砺是梓州人，任职东川节度使仅有三年时间，元稹揭发严砺之时，严砺已经去世。元和四年（809），元稹奉命前往剑南东川道核实泸州判官任敬仲坐赃一案，其间，元稹从过往案卷中发现蹊跷，抽丝剥茧，追根究底，终于查出真相，随即元稹不假思索，撰写弹劾供状，上奏唐宪宗。弹劾状中如是写道：

剑南东川详覆使言：

故剑南东川节度、观察、处置等使严砺，在任日擅没管内将士、官吏、百姓及前资、寄住等庄宅、奴婢，今于两税外加征钱、米及草等。谨见如后。

严砺擅籍没管内将士、官吏、百姓及前资、寄住涂山甫等八十户庄宅共一百二十二所，奴婢共二十七人，并在诸州项内分析。

右，臣伏准前后制敕，令出使御使，所在访察不法，具状奏闻。臣昨奉三月一日敕，令往剑南东川，详覆泸州监官任敬仲赃犯。

于彼访闻严砺在任日，擅没前件庄宅、奴婢等。

…………

——元稹《弹劾剑南东川节度使状》

凡是有利必有弊，虽然元稹的大公无私、实事求是赢得了宪宗的赏识和重用，但是也在无意间得罪了某些官员，成为他们的眼中之钉，肉中之刺。不日，元稹被外遣到分务东台（洛阳御史台）。洛阳是繁华的，多个帝王在此定都；洛阳是多情的，散落着浪漫，引着过客流连忘返；洛阳是灵动的，水波荡漾，涓涓流淌。诗人到此，赋予才气和诗意，让城市别有一番风情。自古洛阳被称为"诗城"，在洛阳停留过的诗人数不胜数，在洛阳留下的诗篇更是不胜枚举。那份美，让人情不自禁地徘徊，让人依依不舍地留恋，让人不由自主地喜欢。

三月的洛阳，繁花似锦，美不胜收，"洛阳三月花如锦，多少工夫织得成"；洛阳的花美得惊艳，美得动人，"花开花落二十日，一城之人皆若狂"；洛阳的人真诚可爱，"洛阳亲友如相问，一片冰心在玉壶"。

就是在那样美丽的三月，元稹来到蜀地。初登官场的元稹意气风发，一心为民，报效国家，从未忘记自己当初考取功名入朝为官的初衷，为百姓，为国家，见贤思齐，像祖辈学习，对朝廷尽忠，对母亲尽孝，光宗耀祖，重振家业。元稹不畏权势，大胆劾奏不法官吏，平反许多冤案，得到民众的广泛欢迎和崇高赞誉，民间的薛涛对元稹也有所耳闻，心中顿生敬意，有此官乃帝之运，万民之福也。

元稹也早闻薛涛的才名，特地相约在梓州相见。一见面，薛涛心中顿生涟漪，才子的俊朗外貌和出色才情让她迷醉，已逾不惑之年的她再生出对爱情的渴望。而元稹见了薛涛，也在心中赞叹流言非虚。

薛涛，字洪度，出身仕宦家庭，是家中独女，是其父薛郧的掌上明珠，自幼读书写字，吟诗作画，才识过人。八岁那年，在自家园子便接了父亲薛郧在梧桐树下作的诗："庭除一古桐，耸干入云中"，薛涛不假思索便续："枝迎南北鸟，叶送往来风。"薛郧便更加用心培养，后薛涛与卓文君、花蕊夫人、黄娥并称蜀中四大才女，与李冶、鱼玄机、刘采春并称唐代四大女诗人。

心比天高，命比纸薄，宦海沉浮，官途无常，薛郧本在朝为官，却因直言敢谏得罪权贵，被贬四川，不久因出使南诏沾染瘴疠而命丧黄泉，那一年，薛涛只有十四岁。昔日繁华，灰飞烟灭，薛涛孤苦无依，不得不凭借容色和音韵之才加入乐籍，十六岁的薛涛成了一名营伎。由于诗才出众，音律优美，薛涛深受蜀中官员喜爱，与白居易、张籍、王建、刘禹锡、杜牧等人都有往来。

贞元元年（785），韦皋出任剑南西川节度使，薛涛赋诗《谒巫山庙》赢得韦皋的赏识。

朝朝夜夜阳台下，为雨为云楚国亡。

惆怅庙前多少柳，春来空斗画眉长。

——薛涛《谒巫山庙》节选

韦皋爱慕其才，向来将才人收为己用，韦皋命薛涛侍宴，处理公事，尽其所用。后因大肆收受贿赂为韦皋贬到荒无人烟的蜀地边陲松州。薛涛内心后悔不已，只怪自己当初太过天真，贬谪地方凄凉无比，四处荒芜，薛涛其间创作《十离诗》。诗中把自己比作是犬、笔、马、鹦鹉、燕、珠、鱼、鹰、竹、镜，而把韦皋比作是主、手、厩、笼、巢、掌、池、臂、亭、台，两相对比，地位卑微，令人怜爱。韦皋读过薛涛的诗后于心不忍，只好遣人将薛涛接回成都。往时不同今日，如今的薛涛已经心如死灰，发誓不再对任何人抱有希望和寄托，脱去乐籍，独居于成都西郊浣花溪畔，终日赏花作诗以自娱自乐，常与文人骚客渔歌互答。

纵然明知是飞蛾扑火，薛涛也义无反顾，爱情是火焰，发光发热，绽放着独有的光芒，正是心灵寒冷又孤独的薛涛所向往、所渴望的。不过百天的时间，甜蜜的时光已胜过一生，共游蜀地山水，一起吟诗谱曲，携手参见诗酒盛会，你中有我，我中有你，"得成比目何辞死，只羡鸳鸯不羡仙"，人生如此，夫复何求？虽然已过了最美的年华，但这迟来的爱情依然带给她幸福的感觉，甜蜜，满足，充斥着她的全身，一首《池上双鸟》就是她内心喜悦之情的真实写照。

双栖绿池上，朝暮共飞还。

更忆将雏日，同心莲叶间。

——薛涛《池上双鸟》

潺潺的流水，巍峨的高山，嫩绿的草地，琴瑟和鸣，优哉游哉，锦江边上，蜀山青川。然而快乐的时光永远都是短暂的，七月，元稹因得罪权贵而被调往洛阳御史台。爱让人痴，遍体鳞伤也无怨无悔，薛涛自知元稹不可能给自己名分，只能默送元稹离开。纵然分别，仍有书信往来，这让身处黑暗之中的薛涛又重新点燃了希望之光，微弱光芒，心境明亮。

锦江滑腻峨眉秀，幻出文君与薛涛。

言语巧偷鹦鹉舌，文章分得凤凰毛。

纷纷词客多停笔，个个公侯欲梦刀。

别后相思隔烟水，菖蒲花发五云高。

——元稹《寄赠薛涛》

一封书信，一份深情，此诗夸赞薛涛之才，并诉说离别之苦。其中将薛涛比作卓文君，无形中元稹也将自己比作了司马相如。司马相如最终抛弃卓文君也恰与元稹相合。

去春零落暮春时，泪湿红笺怨别离。

常恐便同巫峡散，因何重有武陵期？

传情每向馨香得，不语还应彼此知。

只欲栏边安枕席，夜深闲共说相思。

——薛涛《牡丹》

薛涛也回诗一首，一首《牡丹》将自己的感情表达得淋漓尽致，也正中元稹的心怀。薛涛人到中年，心中虽无奈，但她似乎也颇能理解元稹，对于离别之苦，薛涛没有两眼泪花，只是不断地以书信诉说衷肠。一首诗《牡丹》已经将她和元稹短暂而凄美的爱情故事叙述得十分清楚，已逝的爱情莫追莫念，莫怨莫忆，早已注定的别离，她又有何能力去改变？

薛涛知此时别过，忘断朝夕，但要将回忆抛之九霄云外实属不易，只能把思绪都寄托于"薛涛笺"。深情不过两月，七月，元稹因原配夫人韦丛的去世而长期陷于悲伤之中，与薛涛的书信往来也越来越少，直至断绝，情愫互生变为一厢情愿，朝思暮想付水流，满怀幽怨无处诉，薛涛顿生厌世之情，离开浣花溪，移居碧鸡坊，外面虽车马喧嚣，内心却独有一方净土，平静自然。薛涛脱下曾最爱的红裙，从此一袭灰色的道袍，了此残生。大和五年（831）元稹暴病而亡，次年薛涛也闭上了双眼。

百日美好，一生遗憾，落花有意，流水无情，人走茶凉，爱，只剩下手心里的温度，一去不再回，已无可期盼，幸福，只是水中的幻影，观望，却不可靠近。镜中花影已碎，来去痕迹何苦留恋，旧地不重游，琴声悠悠，辗转天明，今世无缘，若有心，唯有来生再续。

如果元稹当时意识到韦丛的病那样严重，也许就不会有这个悲情的故事，他可能会回到韦丛的身边，会照顾她，会和她还有孩子一起度过一段幸福的日子，也不会见不到妻子的最后一面。只是没有如果，这一场风花雪月、诗情画意让元稹的生命里又多了一些遗憾，多负了一个人。

元稹之于薛涛，是生命中的希望，是烟花绽放般的相遇，是不可拒绝的心动，而薛涛之于元稹，只不过是一场错误的邂逅，是没有结局的故事，是不会天长地久的相伴，是充满幻想的南柯一梦。

这一段时间，元稹和白居易见过一次面，这也是两个人的最后一次见面。历经官场浮沉的两人，最终青云直上，都成为三品大员。大和三年（829），元稹自浙东观察使迁尚书左丞，在返回长安途中路经洛阳，去探访闲居东都的白居易，两个头发花白的老头，时隔多年，依然有说不完的话，离别时，挚友重逢，话语良多，送君千里，终须一别，临别时，元稹写下这样两首诗。

君应怪我留连久，我欲与君辞别难。

白头徒侣渐稀少，明日恐君无此欢。

自识君来三度别，这回白尽老髭须。

恋君不去君须会，知得后回相见无。

——元稹《过东都别乐天二首》

　　元稹吟完这两首诗后泪流满面，挥手道别，白居易也是热泪盈眶，不忍离别。吟罢这两首诗，二人执手良久，才怅然分别，"挥手自兹去，萧萧班马鸣"，乐天满含泪水地望着渐行渐远的身影，直至不见，人生难得一知己，只是相聚太难。

第二节　祸不单行慈母殇

古时愁别泪，滴作分流水。日夜东西流，分流几千里。

通塞两不见，波澜各自起。与君相背飞，去去心如此。

——元稹《分流水》

母亲，是孩子生命的给予者，是最美的名词。母爱像太阳，无论过了多少时间，无论你走到哪里，无论你多大，都能感受到她的照耀和温热。母爱是云彩，却不会随风而散；母爱是浪花，却不会随波逐流。母亲总是无私奉献，默默无闻，用她坚实的臂弯给孩子撑起一片蓝天，用她丰满的羽翼为孩子遮风挡雨。

福无双至，祸不单行，在元稹被贬洛阳后的第七日，元稹接到信件，自己的母亲郑氏因病去世。父亲早逝，是母亲一个人抚养他长大，是母亲把他带回凤翔，教他读书。在凤翔的七年，如此艰难，是母亲陪伴着他，每一次母亲的穿针引线，每一个母亲给他补过的衣衫上的破洞，每一次挑灯夜读，母亲给他加衣裳时的慈爱目光，随着似水流年陪伴着他。

"慈母手中线，游子身上衣，临行密密缝，意恐迟迟归，谁言寸草心，报得三春晖。"母亲，远在异乡，拾起衣裳，一针一线，是母亲的担忧和牵挂。眼泪落下，滴在浅薄的衣衫上，浸透了衣衫，也浸透了母亲的心，温热的眼泪，冰冷的心情。母亲逝世，他的心痛无人能解？母子连心，他如此的心痛，是母亲在想他，担心他吗？

"父母在，不远游，游必有方。"为人不孝枉为人，为儿不知娘辛苦，失去才会去珍惜，今人已不在，又如何去珍惜，去补过？女本为弱，为母则刚，母亲虽然是弱女子，却是他的大树，风霜雨雪，何时母亲已不再年轻，身体孱弱。大树倒了，春天不能倚着她安逸，夏天不能倚着她乘凉，秋天不能倚着她挡风，冬天不能倚着她温暖。为什么他要被贬谪，为什么没有带着母亲一起来到这里，为什么他没能陪母亲度过最后的时光？

"野火烧不尽，春风吹又生"的野草拥有属于它自己的轮回，儿女们点点滴滴的成长伴着父母斑驳的青丝，生命何其短暂，生命何其脆弱，年过半百的母亲就已随风而逝，没有预兆，没有防备，没有顾虑。

这是元稹第二次遭遇死亡的打击，第一次是父亲，那年他只有八岁，这一次是母亲，他已经二十七岁。如今，他是一个二十七岁的大孤儿。身在远方却心系亡母，曾经在严寒冬日给她带来温暖的身躯如今已成一具冰冷的尸体，她的头上再不会有白发了，生命定格，还有她眉上的痕迹，眼角的皱纹。没能见到母亲最后一面，不知她的眼睛是否合得严实，临终的嘱咐没说出口，不知她的双唇是否还是半开着，欲言又止？

岁月已将母亲的青春燃烧，连最后的精力也消磨殆尽，您的关怀和勉励将伴我信步风雨人生，虽然不能用我的心抚平你额上的皱纹，但是我会用我的余生让您在天堂微笑。看着白布，元稹的心中暗暗发誓。母亲嫁给父亲没享受几年幸福时光，父亲便撒手人寰，父亲的两个长兄对他们母子不闻不问，凤翔的几年已十分艰辛，成人后他也没让母亲过几天安稳日子，还好看到了成家，看到了他金榜题名。郑氏，是大唐最美的妈妈。元稹的挚友白居易在《唐河南元府君夫人荥阳郑氏墓志铭》一文中对元稹的母亲郑氏大加称赞："今夫人女美如此，妇德又如此，母仪又如此，三者具美，可谓冠古今矣。"

元稹的母亲郑氏去世之时，元稹并没有在身边，这也是元稹生命中永远不能弥补的遗憾，只好由自己的好友白居易来为自己的郑氏撰写墓志铭。

唐河南元府君夫人荥阳郑氏墓志铭：

有唐元和元年，九月，十六日，故中散大夫、尚书比部郎中、舒王府长史、河南元府君讳宽夫人荥阳县太君郑氏，年六十，寝疾，殁于万年县靖安里私第。越明年，二月，十五日，权祔于咸阳县奉贤乡洪渎原，从先姑之茔也。夫人曾祖讳远思，官至郑州刺史，赠太常卿。王父讳，朝散大夫、易州司马。父讳济，睦州刺史。夫人，睦州次女也。其出范阳卢氏。外祖讳平子，京兆府泾阳县令。夫人有四子、二女。长曰溯，蔡州汝阳尉；次曰秬，京兆府万年县尉；次曰积，同州韩城尉；次曰稹，河南县尉。长女适吴郡陆翰，翰为监察御史；次为比丘尼，名真一。二女不幸，皆先夫人殁。府君之为比部也，夫人始封荥阳县君，从夫贵也。稹之为拾遗也，夫人进封荥阳县太君，从子贵也。天下有五甲姓，荥阳郑氏居其一。郑之勋德官爵，有国史在。郑之源流婚媾，有家牒在。比部府君世禄、官政、文行，有故京兆尹郑云逵之志在。今所叙者，但书夫人之事而已。

初，夫人为女时，事父母，以孝闻。友兄姊，睦弟妹，以悌闻。发自生知，不由师训，其淑性有如此者。夫人为妇时，元氏世食贫，然以丰洁家祀，传为诒燕之训。夫人每及时祭，则终夜不寝。煎和涤濯，必躬亲之。虽隆暑沍寒之时，而服勤亲馈，面无怠色，其诚敬有如此者。元、郑皆大族好合，而姻表滋多，凡中外吉凶之礼有疑议者，皆质于夫人。夫人从而酌之，靡不中礼。其明达有如此者。夫人为母时，府君既没，积与稹方龆龀，家贫无师以授业。夫人亲执诗书，诲而不倦。四五年间，二子皆以通经入仕。稹既第，判入等，授秘书省校书郎；属今天子始践阼，策三科以拔天下贤俊，中第者凡十八人，稹冠其首焉。由校书郎拜左拾遗，不数月，谠言直声，动于朝廷，以是出为河南尉。长女既适陆氏，陆氏有舅姑，多姻族；于是以顺奉上，以惠逮下，二纪而殁，妇道不衰，内外六姻，仰为仪范。非夫人恂恂孜孜，善诱所至；则曷能使子达于邦，女宜其家哉？其教诲有如此者。既而诸子虽迭仕，禄稍甚薄，每至月给食，时给衣，皆始自孤弱者，次及疏贱者。由是衣无常主，厨无异膳，亲者悦，疏者来。故佣保乳母之类，有冻馁垂白，不忍去元氏之门者，而况臧获辈乎？其仁爱有如此者。自夫人母其家，殆二十五年，专用训诫，除去鞭扑。常以正颜色训诸女妇，诸女妇其心战兢，如履于冰。常以正辞气诫诸子孙，诸子孙其心愧耻，若挞于市。由是纳下于少过，致家于大和。婢仆终岁，不闻忿争。童孺成人，不识榎楚。闺门之内，熙熙然如太古时人也。其慈训有如此者。

噫！昔漆室、缇萦之徒，烈女也；及为妇，则无闻。伯宗、梁鸿之妻，哲妇也；及为母，则无闻。文伯、孟氏之亲，贤母也；为女为妇时，亦无闻。今夫人，女美如此，妇德又如此，母仪又如此，三者具美，可谓冠古今矣！呜呼！唯夫人道移于他，则何用而不臧乎？若引而伸之，可以肥一国焉。则《关雎》《鹊巢》之化，斯不远矣。若推而广之，可以肥天下焉。则姜嫄、文母之风，斯不远矣。岂止于训四子以圣善，化一家于仁厚者哉？居易不佞，辱与夫人幼子稹为执友，故聆夫人美最熟。稹泣血孺慕，哀动他人，讬为撰述，书于墓石，斯古孝子显父母之志也。呜呼！斯文之作，岂直若是而已哉？亦欲百代之下，闻夫人之风，过夫人之墓者，使悍妻和，嚚母慈，不逊之女顺云尔。铭曰：元和岁，丁亥春。咸阳道，渭水滨。云谁之墓，郑夫人。

"想见音容空有泪，欲聆教训杳无声"，失去母亲的痛不是常人能够理解的，那种落差，那种空荡，痛彻心扉。元稹这一生作诗八百余首，却没有一首是写给母亲的。诗歌赋予人独特的情感，感情深有两种体现，一种是写得很多，如元稹写给妻子的悼亡诗，一种是一首不写，如元稹的母亲郑氏，没有任何一句诗能准确地表达他对母亲的情感，那是元稹心里永远的伤痛，是永远都不愿意揭开的伤疤。

再大的人，在父母眼里都是孩子；再成功的人，都需要父母的关怀和爱护。从此再也听不到母亲的呼唤，再也听不见那最美丽的声音，今后思念母亲，只能摘几片云朵，剪几缕霞光，用想念作针，用思恋作线，用回忆作画，编一个美丽的风筝，织一件绚丽夺目的霓裳，在你最爱的花朵旁边放飞，伴随着阵阵芳香，阅读儿子对母亲的思念和爱。

第三节　志同道合新乐府

海波无底珠沉海，采珠之人判死采。

万人判死一得珠，斛量买婢人何在。

年年采珠珠避人，今年采珠由海神。

海神采珠珠尽死，死尽明珠空海水。

珠为海物海属神，神今自采何况人。

——元稹《采珠行》

朋友易得，知己难求！知己和朋友的区别在于，朋友能缓解你的寂寞你的哀愁，能用言语安慰你，却不懂你的寂寞、你的哀愁。知己却懂你的心思，懂你在别人眼里奇怪的行为，既能陪你喝酒，也能陪你流浪。

李白和杜甫因诗结缘，杜甫三十二岁的时候和四十三岁的李白相遇。虽然那时候李白早已名满天下，杜甫还是名不见经传，但两个人还是一见如故，同饮同醉。杜甫了解李白，崇拜李白，对他高度评价："白也诗无敌，飘然思不群。清新庾开府，俊逸鲍参军。"虽然两个人只见了一次面，但是却有着深情厚谊。一次分别，再无相见。因为有着共同爱好，所以他们成为知己。"李杜文章在，光焰万丈长"是对两个人友谊最好的见证。

而元稹和白居易则因为相同的人生经历而成为知己。

"同是天涯沦落人，相逢何必曾相识。"这是白居易在《琵琶行》中最著名的诗句。元和十年（815），白居易被贬为江州司马。元和十一年（816），白居易在浔阳江头送别客人，偶遇琵琶女，有感而发，写下了这首千古绝唱《琵琶行》。元和十年（815），元稹被贬为通州司马。元稹和白居易这两位挚友，因遭贬谪，一南一北，相隔数千里之遥，加之"山水万重"，道路阻隔，音信不通。白居易多次梦见元稹，并作诗相告。元和十二年（817），元稹为酬答乐天"频梦"而作《酬乐天频梦微之》。

山水万重书断绝，念君怜我梦相闻。

我今因病魂颠倒，唯梦闲人不梦君。

——元稹《酬乐天频梦微之》

一个人不一定一辈子是你的朋友，但你的知己却可以陪伴你到天长地久的，因为真正的友谊必须有坚固的基础，而友谊的基础就是"志同道合"。乐天和微之就是因为这四个字而惺惺相惜。

一滴墨，勾勒出一首诗歌；一首诗歌，牵出一段友谊；一段友谊，演绎出永恒的佳话。滚滚长江，他们曾一起看波涛汹涌；幽幽长安，有他们一起走过的足迹；弱弱烛光，有他们一起奋笔疾书的身影。元稹和白居易，打破了君子之交淡如水，肝胆相照，荣辱与共。

"乐府"一词自秦代出现，意在每有佳节及喜事，为皇帝演奏音乐。汉朝，乐府从音乐中衍生出诗歌，身份从官署演变成诗体名称。乐府诗歌从民间传出，多为表现农民的辛苦生活，如《十五从军征》《陌上桑》。感情相近，内容接近，形式却不尽相同，五言、七言、长短句，多式多样。其中《孔雀东南飞》和《木兰诗》最为著名，被称为"乐府双璧"。

新型诗体的创新如同开天辟地，晓得过去，晓得现在，却难以预料未来。一个人也许会有些犹豫不决，但是有相伴者便能增加勇气和毅力。元稹、白居易、李绅，正因为身边有彼此，才会奋不顾身地前进。即使不能成功，也能留下思考。

新乐府运动重振旧乐府的采诗制度，大力宣扬讽喻时事的传统。相较于旧乐府，新乐府新处有三：一用新题；二写时事；三不以入乐与否为衡量标准。新乐府运动由杜甫开创，元结等人传承，张籍、王建为先导，时至"元白"时期，白居易在《与元九书》中提出："文章合为时而著，歌诗合为事而作。"为写时事而著文章，为写真事而作诗歌，由于元稹和白居易的大肆传播，新乐府运动取得巨大成就。《师友诗传续录》载："白居易、元稹、张籍、王建创为新乐府，亦复自成一体。"

其间，新乐府的作品无不与当时百姓的生活有关联，写战争给百姓带来的灾难，居无定所，妻离子散；写农民生活的不易，田地颗粒无收，食不饱，穿不暖；写朝廷对百姓的压榨，赋税沉重，民不堪命。

《采珠行》便是元稹在倡导新乐府运动之后所作，诗歌中没有华丽的辞藻，没有太多的描写，单纯地叙述采珠人的辛苦工作，看似平淡却有着复杂的情感，对统治者的批判，对采珠人的同情和怜悯，悲惨的一幕幕让人难以忘怀。

同情和怜悯是人的一种特别的情愫，不是爱，不是藐视，是因为有过相似遭遇而产生的情感，是"无可奈何花落去，似曾相识燕归来"的感同身受和昨日重现。

同情和怜悯是微弱的烛光，能够照亮两个素昧平生的人曾经走过的黑暗之路；同情和怜悯是天上的闪烁的星辰，即使轨迹没有交集也会因为在同一夜空下相互辉映，相互凝望，相互靠近；同情和怜悯是能供热的柴，能融化坚硬的雪块，也能温暖两个受了风寒的心。

元稹的一生，最多的就是坎坷和痛楚，一次次亲人的离去，一次次遭受贬谪的打击，见到可怜之人，同情之心怎会再波澜不惊？在别人的苦难里元稹总会看到自己的身影，那种哀伤，那种无助，那种孤独，或许是因为人本同源，所以不论贫贱富贵，在内心都有着同样的一种信念，就是善，人类最原始、最纯真、最宝贵的本性，因为有善，才会有同情。

这种最纯真、最宝贵的本性一直存在于元稹的身上，这是元稹心灵折射出的光辉，真诚、宝贵。元稹传递的是来自心底的仁慈，来自天性的善良。元稹对不幸之人的扶持和关怀，是一个生命对另一个生命大爱无垠的关爱，这份关爱如同柔和的空气，弥漫在元稹走过的每一个地方，留在元稹遇到过的每一个有悲惨遭遇的人身上，带给他们温馨和感动。

新乐府运动也是元稹的成就之一。元稹作为一名诗人，他的人生就是一首诗歌，只是这首诗歌感情太丰满，波折太多，新乐府运动也是诗歌的一段高潮，无论高潮后迎来如何让人落寞的平静，只需记住曾经汹涌澎湃时的壮观和惊艳，潮起潮又落，无限循环，无限美丽，只要一直相信，一直希望，一定会在某时某刻不期而遇，带来惊喜和感动。

第六章

一波三折身心疲

第一节　获罪权贵复贬谪

山水万重书断绝，念君怜我梦相闻。

我今因病魂颠倒，唯梦闲人不梦君。

——元稹《酬乐天频梦微之》

仕途就像一条曲折而多石子的道路，因为它是曲折的，所以能使人感到无奈；因为它是多石的，所以使许多人遇到挫折而跌倒。仕途也是对为官之人的一种催人泪下的考验，一种精神上的折磨，一种会让人心灰意冷的挫折。面对挫折，一个人的经验是要在刻苦中得到的，也只有岁月的磨炼才能够使其成熟。

同样的一双黑眼睛，看到的画面却不尽相同，同样经历着考验，有人悲观地要放弃，有人在痛苦的眼泪中看到希望的曙光，有人在挫折中停滞不前，有人就在挫折中找到新的出路，一个不断叹息，一个不断寻找，最后，一个孤独死去，一个无憾仙游。

其实"贬谪"这个词汇，对每个有着远大抱负的文人墨客来说都并不陌生，甚至很多文人的诗词创作背景都是因为被贬谪。

屈原因奸臣诬陷被贬到湖南，韩愈曾因为上书劝阻获罪被贬为潮州刺史；李白也曾被贬到南方，王昌龄因"不矜细行，谤议沸腾"被贬为龙标县尉，柳宗元因政治革新失败被贬到永州，刘禹锡因为得罪当朝权贵被贬做苏州刺史。这些人的很多作品，都是因为贬谪而作。

有志之士皆因贬谪而愁苦，无奈之下，无处诉说只好在诗中表达内心的苦闷。韩愈因频繁上谏宪宗"迎佛骨入大内"触犯人主之怒而被贬为潮州刺史，去往潮州路上作诗"知汝远来应有意，好收吾骨瘴江边"；柳宗元因参与政治革新左迁永州司马，远行路上创作"岭树重遮千里目，江流曲似九回肠"。

这首《酬乐天频梦微之》，创作于唐宪宗元和十二年（817）。"晨起临风一惆怅，通川溢水断相闻。不知忆我因何事，昨夜三更梦见君。"因为元稹收到了白居易的这首诗，随之元稹才创作了《酬乐天频梦微之》。

这首诗纯用白描，没有华丽的设色布景，而人物形象生动，构思巧妙，感情真挚，情调也感人肺腑。整首诗虽然只有四句话，却把诗人对好友的思念和自己内心的苦楚表达得淋漓尽致。

元稹与好友白居易也没有逃脱贬谪这一灾难，得之我幸，不得我命。

事实上，这并不是元稹第一次被贬谪了，一贬江陵，二贬通州，三贬同州，四贬武昌。

这是元稹第二次被贬谪，元稹因才华出众，性格豪爽不为朝廷所容，流放荆蛮近十年。两个人都被贬谪，一个通州，一个江州，两地距离数千里，层层山，层层水，通信自是十分困难，本来被贬，壮志难酬，元稹的心中自是抑郁苦闷，得不到好友消息更是在"愁"字头上加了一滴血，诗中第一句"山水万重书断绝"描写出元稹的无奈。

此时此刻收到好友的信件，元稹的心里很激动，兴奋之情如久旱逢甘霖，他乡遇故知。虽然相隔千里，却依然能从心中的字里行间感受到好友对自己的深情厚谊，内心十分感动。手中紧紧地握住这来之不易的信件，爱护也珍惜。

看完信件，元稹心中的激动依旧没有平息，反而更甚，泪水涟涟，心中的万般苦楚却因为短短的一封信消失，背井离乡第一次感觉到温暖。可是又不敢把手中的信握得太紧，怕把这信给弄坏了，不过二十八个字的信，却让他觉得弥足珍贵，胜过治病的良药，胜过价值千金的珠宝。

元稹从梦中得知自己的好友前一天晚上梦见了他，让他很感动。如今他已是病魔缠身，身体和记忆都大不如从前了，神魂颠倒不能和好友在梦里重逢了，现实与梦都将他们生生地分离开，所有的希望都幻化成绝望，对他苦苦纠缠，痛苦的身心入骨三分。

最深的感情不是在共欢乐时建立的，而是在共患难时建立的。元稹是在三月的时候被贬谪的，白居易是在八月的时候被贬谪的，两个人在同一年有了相同的命运。伴随着瑟瑟秋风，白居易怅然失落地离开长安，很巧，白居易走过的那条路正好是元稹五个月前走过的那条路，同样的路，同样的命运，同样的失落，不一样的人。

从此，白居易和元稹为诗意的大唐增添了一抹惆怅，如同在色彩鲜艳的花海中放上了一枝芦苇花，虽然苍白，但却凄美！

最清晰的脚印是走在泥泞的路上，最深刻的脚印是走在铺满石子的路上。白居易一边走在路上一边想着元稹，三月的好友，八月的他。一切都觉得那样的似曾相识，想着元稹走这条路就好像自己曾经走过这条路一样，每一步，每一缕思绪，是不是元稹都有过？白居易低着头，执着于路上的每一寸土地，总觉得这样会在某一个地方发现好友留下的痕迹。

有心就有希望，果然，在蓝桥驿，白居易发现了元稹写在驿站墙柱上的七言律诗。

泉溜才通疑夜磬，烧烟余暖有春泥。

千层玉帐铺松盖，五出银区印虎蹄。

暗落金乌山渐黑，深埋粉堠路浑迷。

心知魏阙无多地，十二琼楼百里西。

——元稹《留呈梦得、子厚、致用》

白居易自顾自地走到墙柱前面，手掌摊开慢慢地伸向墙柱，轻轻地抚摸上面元稹留下的字迹，百感交集，热泪盈眶。

微之，这么久了，从我的八月，到你的一月再到现在，我一直都没有放弃寻找你留下的痕迹，我以为找不到了，可是没想到我真的找到了。见字如见人，八个月的时间，你回京又被贬，我也有了和你一样的命运，你心中的愁苦肯定要比我多一些吧！八个月的时间，一切都变了，时间的手，翻手为云覆手为雨，风云变幻。

是啊！我们总是无法预见未来。这首诗是元和十年（815）正月元稹创作的。815年正月，三十七岁的元稹一度奉诏回朝，以为起用有望，一路上元稹的心情是激动的，是兴奋的，是澎湃的，途经蓝桥驿曾题诗留赠命运相似的友人刘禹锡和柳宗元。却没想到刚刚抵京不久就与两位好友一起被放逐远州。

随后白居易感慨万千地作诗回应元稹。

蓝桥春雪君归日，秦岭秋风我去时。
每到驿亭先下马，循墙绕柱觅君诗。

——白居易《蓝桥驿见元九诗》

白居易心中万丈波涛，二十八个字，体现了他和元稹的深情厚谊。

后元稹在通州听说白居易被贬谪到江州，十分震惊和痛心，不顾自己羸弱的身体，提笔给白居易写诗一首，以示慰问，希望乐天能够坚强。

残灯无焰影幢幢，此夕闻君谪九江。
垂死病中惊坐起，暗风吹雨入寒窗。

——元稹《闻乐天授江州司马》

白居易被元稹的关心深深感动，有此知己，夫复何求？

想那暖暖的三月，春风袭来，万物复苏，本该去看那"桃之夭夭，灼灼其华"，本该去看那"孤帆远影碧空尽，唯见长江天际流"，本该去看"杨柳堆烟，帘幕无重数"的自己却一身骑马向通州，出任通州司马，流落"哭鸟昼飞人少见，怅魂夜啸虎行多"的通州，心中是多么凄凉痛苦，怎么忍心让自己的好友和自己有一样的遭遇，这样悲惨的命运，为什么不光要发生在他身上，还要降临在他最好的朋友身上？

元稹再一次收到来自白居易的信的时候，还没拆开信就已经泪眼蒙眬，他的女儿都吓哭了，妻子问他为什么哭的时候，元稹告诉他的妻子：自己很少这样动情，除了在接到白居易来信的时候。然后元稹又寄信给白居易一首《得乐天书》，信中这样写道。

远信入门先有泪，妻惊女哭问何如。

寻常不省曾如此，应是江州司马书。

在元稹被贬谪的这几年中，白居易的信是他心中唯一的慰藉，每一次来信，每一首诗词，每一句诗，都有白居易深切的问候和关怀，乐天一书抵万金。也许距离从来都不是淡化感情的罪魁祸首，元稹和白居易，就是友情最好的样子，我和你做朋友，不是为了你的身份，不是为了你的地位，不是为了你的官爵，不是为了你的身价，我是你的朋友，我是你的知己，只因我们有相同的想法，有相同的遭遇。

"山抹绿，燕剪柳"，佳人已去数载，又添几番官场风波，独自一人，周身悲凉。幸得在兴元，纳了裴淑，并将韦丛、安仙嫔所生子女接到兴元，重新组建家庭。他的《景申秋八首》诉说了此时的遭遇。

> 风头难著枕，病眼厌看书。无酒销长夜，回灯照小余。
> 三元推废王，九曜入乘除。廊庙应多算，参差幹太虚。
> 经雨篱落坏，入秋田地荒。竹垂哀折节，莲败惜空房。
> 小片悬菇白，低丛柚子黄。眼前撩乱辈，无不是同乡。
> 雨柳枝枝弱，风光片片斜。蜻蜓怜晓露，蛱蝶恋秋花。
> 饥啅空篱雀，寒栖满树鸦。荒凉池馆内，不似有人家。
> 病苦十年后，连阴十日余。人方教作鼠，天岂遣为鱼。
> 鲛绽鄞城剑，虫凋鬼火书。出闻泥污尽，何地不摧车。
>
> ——元稹《景申秋八首》

裴淑，字柔之，出身士族，有才思，工于诗。裴淑同韦丛一般，是一位贤妇，并没有因为生活潦倒而抱怨，而是默默地陪伴元稹，相夫教子，做好一个妻子的本分，裴淑一路天南地北，默默陪伴，直到元稹生命的最后一刻，纵然裴淑没有同元稹一同前去武昌，但裴淑是元稹最后一个红颜知己，她把自己最美好的年华给了元稹，在元稹的心中，地位虽不及发妻韦丛，但也是一段难忘的过往。

元稹官迁会稽时，曾赋诗安慰裴淑。

嫁时五月归巴地，今日双旌上越州。

兴庆首行千命妇，会稽旁带六诸侯。

海楼翡翠闲相逐，镜水鸳鸯暖共游。

我有主恩羞未报，君于此外更何求。

——元稹《初除浙东，妻有阻色，因以四韵晓之》

后，元稹先迁长安再调武昌，裴淑没能一同前去，元稹再次赋诗。

穷冬到乡国，正岁别京华。

自恨风尘眼，常看远地花。

碧幢还照曜，红粉莫咨嗟。

嫁得浮云婿，相随即是家。

——《赠柔之》

裴淑见信也作一诗以答微之。

侯门初拥节，御苑柳丝新。

不是悲殊命，唯愁别近亲。

黄莺迁古木，朱履从清尘。

想到千山外，沧江正暮春。

——裴淑《答微之》

在通州的几年，元稹十分可怜，垂死老病，患上疟疾，几乎要了他的命。好几次，元稹赴山南西道兴元府求医，日日夜夜被病魔纠缠。白天，会想到已经逝去的父亲、母亲，想到自己壮志难酬，两次被贬，孤独无伴，远离知己。晚上因为身体不适，彻夜难眠，穷困潦倒的自己，给不了妻子、孩子舒适的生活，外面刮着大风，屋子里刮着小风，破旧的屋子抵挡不住外面的寒冷，虽然妻子和孩子都盖着被子，紧紧地裹着被子，但是脸还是冻得通红。是他，害了他们！元稹又陷入深深的自责之中，身体越发难受，他不敢叫出声，怕吵醒了妻子和孩子。

这样的日子什么时候能够结束？他的壮志难酬是一时还是一世？

人生如浮萍，元稹也不能避开这句话。没有根，只能随波逐流，君一句，我可为臣，君再一句，我可为囚为民。人在朝廷，身不由己，无可奈何，无法把握自己的命运。

元稹不仅是水中的浮萍，还是湖边的芦苇，有自己的韧性、目标和自尊。面对这突然袭来的暴风雨，能够随遇而安，永不放弃，不做浪费生命的挣扎，暴风雨可以摧毁扎根于地下的参天大树，却不能奈何水中的浮萍，湖边的芦苇。虽然不能决定自己的扎根处，但是无论飘荡到哪里，都能展现出自己梦想中的模样。

"谦虚使人进步，骄傲使人落后"这话一点儿都不假。宪宗皇帝在政治和军事上取得成就后便好大喜功，一改往日勤勉、开明的作风。首先，罢宰相裴度，任用皇甫镈；其次力求长生，征求方士，不见了广开言路，不见了明察秋毫，不见了励精图治，暴躁易怒，贬谪了忠臣韩愈，充耳不闻裴度的进谏。元稹看着刚刚恢复元气又开始衰落的大唐，心生哀怨，刚刚燃起的希望之火又被生生地浇灭，难道真是天要亡他大唐？

而唐朝的衰落就在于不是每个皇帝都是有道明君，不是每个皇帝都能明察秋毫、从谏如流、抚定内外。又一代明君驾鹤西去，唐朝的历史仍在续写，只是再无辉煌。

第二节　新朋旧友齐相聚

茶，

香叶，嫩芽。

慕诗客，爱僧家。

碾雕白玉，罗织红纱。

铫煎黄蕊色，碗转曲尘花。

夜后邀陪明月，晨前独对朝霞。

洗尽古今人不倦，将知醉前岂堪夸。

——元稹《一至七言诗》

　　"对酒当歌，人生几何？譬如朝露，去日苦多。慨当以慷，忧思难忘，何以解忧，唯有杜康。"烦乱的世间，心灵难静，也难净。聚散两相依，聚是力量的凝结，散是光亮的播种。春风满面皆朋友，知音就在你身边。相聚时不知友谊的可贵，分别了才知那是人生最需要的东西，犹如盐，少了它还有什么滋味？

流水匆匆，岁月匆匆，唯有友情永存元稹心中。在元稹的心中，友谊是最圣洁的灵物，既会在同性中生根、发芽，也会在异性中开花结果。凡识元稹者，皆知乐天，乐天和微之，就如一竹一兰，一梅一菊，有节有香，有气有骨。"道不同，不相为谋"，道同者，自然为谋。

"满堂君子之人，四时清风拂之"，志同道合，其乎乐哉，相见时难别亦难，与君同饮万般愁。李太白有诗："弃我去者，昨日之日不可留；乱我心者，今日之日多烦忧。"当沧海桑田已至，便要抬头望青天，一切无须强求，只在望不到尽头的蓝天中寻找一丝慰藉。李太白又言："抽刀断水水更流，举杯消愁愁更愁。"当酒不能消愁之时，即弃酒取茶，如人生愁苦已到极致，又何必让半醉半醒更添心中惆怅，美酒也是苦酒，纵然酣畅淋漓，但也会唤醒很多伤心的往事，元稹的一生已经太多悲剧，经历一次已够残忍，何必再受一次折磨？

饮茶可净化心灵，抚慰伤痛，与好友饮茶胜过喝一杯美酒。明智如元稹，好友相聚，饮茶诉衷肠，激发文思。元稹的《茶》是一字至七字诗，俗称宝塔诗，在中国古代诗中较为少见。短短的几句，写明茶被人喜爱的原因，关于茶的习俗以及饮茶的好处。觥筹交错，有浓浓的茶，也有长长的故事。

"世上本无常照月，天边还有再来春"，时光已逝，但相聚的记忆是不可抹杀的，山水一重重，往事一幕幕，那些相聚相伴的日子又卷土重来。

在永贞革新之际，元稹虽然人在长安，但他的身份是秘书省的校书郎，人微言轻，不可能参与永贞革新的重大决策，只可坐视一旁，一颗心上上下下，不停忐忑，眼见利于大唐发展的政策接连实施，心里惊喜不已，对革新的领导人物心生敬佩，十分渴望结识，却又有些自卑，他还有太多要学习的地方，但是好景不长，革新最终失败。又见宦官当道，元稹的内心是愤怒的，对被贬谪、被惩治的革新派领导人物是赞许的，也是同情的。

元和二年（807），一日，宪宗登御楼，接受群臣对自己登基的庆贺，同时欢庆成功镇压"永贞革新"。正是在这样的时刻，元稹却赋诗一首表达自己对宪宗的不满和对被贬之人的同情。

春来饶梦慵朝起，不看千官拥御楼。

却着闲行是忙事，数人同傍曲江头。

——元稹《永贞二年正月二日上御丹凤楼赦天下予与

李公垂庚顺之闲行曲江不及盛观》

　　明知纪元已改为元和，却偏偏以"永贞二年"作为题目，既有讥讽之意，又不无惋惜之情。元稹对革新人物的同情是发自内心的，而且自始至终未曾后悔过，他是真心地希望大唐能够改革，他认为革新的主张和措施是真的为大唐好，大唐的重生就这样被扼杀在摇篮里，元稹感到悲痛，创作的诗歌也是哀歌。

　　　象魏才颁历，龙镳已御天。
　　　犹看后元历，新署永贞年。
　　　半岁光阴在，三朝礼数迁。
　　　无因书简册，空得咏诗篇。

　　　　　　　　　　　　——元稹《永贞历》

　　大唐王朝半年之内三更君主，前所未见，闻所未闻，德宗、顺宗至宪宗，唐代纪元在不到一年的时间内匆匆三次改元：贞元二十一年八月五日，改贞元二十一年为永贞元午，同月九日传位李纯，次年正月二日再改为元和。这首诗创作于宪宗登位之后改元元和之前，在诗中，元稹表达出他对唐顺宗的敬畏和倾慕之情，更流露出对半年之内三换君主的感叹，钱谦益曾赞誉此诗为："讽刺深婉，诗之最有味者。"

不改延洪祚，因成揖让朝。讴歌同戴启，谒密共思尧。
雨露施恩广，梯航会葬遥。号弓那独切，曾感昔年招。
前春文祖庙，大舜嗣尧登。及此逾年感，还因是月崩。
寿缘追孝促，业在继明兴。俭诏同今古，山川绕灞陵。
七月悲风起，凄凉万国人。羽仪经巷内，辒辌转城闉。
暝色依陵早，秋声入辂新。自嗟同草木，不识永贞春。

——元稹《顺宗至德大圣大安孝皇帝挽歌词三首》

此诗是元稹授左拾遗时所作，诗中将顺宗比之为明君尧、舜，表达他对永贞革新的支持和赞扬，对革新失败的惋惜和心痛，对顺宗与世长辞的深切哀悼。

作此挽歌的还有武元衡、权德舆、吕温。其中元稹和吕温交情匪浅。吕温字和叔，又字化光，吕温同元稹一样年少时初露锋芒，后因不畏权贵，弹劾不法之事被贬谪，无法展示政治抱负，一生忧国忧民，心系国家和百姓。吕温是革新派的主要人物，革新失败后，元稹没有与其他人一同落井下石，冷言冷语，而是关切问候，表达羡慕和同情，渴望与之成为朋友。

气敌三人杰，交深一纸书。我投冰莹眼，君报水怜鱼。

髀股唯夸瘦，膏肓岂暇除。伤心死诸葛，忧道不忧余。

············

杜预春秋癖，扬雄著述精。在时兼不语，终古定归名。
耒水波文细，湘江竹叶轻。平生思风月，潜寐若为情。

——元稹《哭吕衡州六首》

　　吕温英年早逝，元稹十分痛心，特作悼亡诗一首，
以表哀痛和惋惜之情，诗中赞扬吕温高风亮节，满腹诗
书，没有大展宏图，对朝廷，对百姓，对他都是一种
遗憾。除吕温，元稹还与李景俭诗歌唱和甚多，元稹的
妾室安仙嫔还是李景俭的表妹。李景俭也是革新人物之
一，因守丧未被贬谪。

　　顿愈关风疾，因吟口号诗。文章纷似绣，珠玉布如棋。
健美觥飞酒，苍黄日映篱。命童寒色倦，抚稚晚啼饥。
潦倒惭相识，平生颇自奇。明公将有问，林下是灵龟。

——元稹《酬李六醉后见寄口号》

　　元和末年（820），李景俭得罪权贵被贬澧州刺史，
那时，李景俭已经与元稹有深厚的交情，元稹闻此事
便竭力进言，以至李景俭被授予仓部员外郎，后任职
谏议大夫。不久，萧俛等人以"附权幸以亏节，通奸党

之阴谋"的罪名因参与永贞革新而上参李景俭，下旨被贬为建州刺史，元稹再次从中周旋。是朋友，因为从你身上，可以见到一个我；从我的身上，可以寻到另一个你。贬谪的苦楚，没有人比元稹更了解。自己曾经经历过的心酸，又怎忍心让朋友再经历？又怎会旁若无人地袖手旁观？又怎会因怕被连累而坐视不管？

　　但是耿直的人总是会给自己带来横祸。长庆年间，宰相王播等人在河北平叛上判断失误，导致大唐再次陷入水深火热之中，忠心朝廷之人只能心里着急，无处捉刀，无能为力，一次在宴会中李景俭借着酒兴强烈指责宰相王播等人，言辞激烈，慷慨激昂，后被贬为漳州刺史。此时，元稹因受裴度弹劾，被贬谪为工部侍郎，对于李景俭是爱莫能助，但还是写诗二首以表同情和慰问。

　　　尔爷只为一杯酒，此别那知死与生？
　　　儿有何辜才七岁，亦教儿作瘴江行？
　　　爱惜尔爷唯有我，我今憔悴望何人？
　　　伤心自比笼中鹤，剪尽翅翎愁到身。

　　　　　　　　　　　　　　——元稹《别毅郎》

　　元稹带给李景俭的是帮助，也是关爱。李景俭的孤独和惆怅，元稹深有体会，所以每次帮助和关爱都是一针见血，正中下怀，如果友情是树苗，那么就需要关爱来灌溉；如果友情是花朵，就需要关爱来照耀；如果友情是蒲公英，那么就需要关爱来让它飞翔。正是元稹心中那份因为志同道合而产生的关爱和友善，才能让两个人的友谊如此深厚。

元稹为相之后义无反顾地召回李景俭授为少府少监。李景俭病故后元稹作诗悼念。

栎上病骢啼袅袅，江边废宅路迢迢。

自经梅雨长垂耳，乍食菰蒋欲折腰。

金络头衔光未灭，玉花衫色瘦来燋。

曾听禁漏惊衔鼓，惯蹋康衢怕小桥。

半夜雄嘶心不死，日高饥卧尾还摇。

龙媒薄地天池远，何事牵牛在碧霄。

——元稹《哀病骢呈致用》

回忆就像地面上干枯的黄叶，可以拾起留作纪念，也可以任其飞扬，自生自灭，毕竟能留住一时，不能珍藏一世。没有永恒的时光，所有拥有的时光终会变成不可追回的记忆，望断天涯也不一定能知晓人之所在，世界上的人千千万万，能遇见便是一种幸运，如有志趣相投，只需珍惜，勿因相聚时间短暂而悲伤，毕竟人在江湖，有太多身不由己。不必为每片黄叶的吹落而悲伤，次年之春，枝叶上还会开出嫩绿的新芽，不必为每朵玫瑰的凋零而感到遗憾，秋冬之后，会有更鲜艳的花瓣盛开出来，不必为每一次的错过而惋惜，有些缘分注定了淡薄，只需珍惜眼前之人便无所悔恨。

但后来元稹还是对生命看开，有来便有去，只是时间的远近，任何人都在劫难逃，是世界的公平，既然都需面对，何必苦苦纠缠，不断痛苦。有追忆，有拥有便不虚此行。世界上千百年已过，来的人很多，走的人也很多，如果一直沉浸在悲痛之中，生命又有何意义？虽然失去了生命，却也在精神上获得解脱，没有生生地分离，没有默默地伤痛，没有静静地惆怅，为逝去的人哀痛，也该为那些在尘世间受尽苦难的人庆贺，远离了愁苦的人生历程，走向了快乐的国度。

吾友有宝剑，密之如密友。我实胶漆交，中堂共杯酒。
酒酣肝胆露，恨不眼前剖。高唱荆卿歌，乱击相如缶。
…………

潜将辟魑魅，勿但防妾妇。留斩泓下蛟，莫试街中狗。
君今困泥滓，我亦坌尘垢。俗耳惊大言，逢人少开口。

——元稹《说剑》

那些觥筹交错、惺惺相惜的日子，不在时光的隧道里，而在人的心里，不是不忘，时候未到，时候一到，两两相忘。除上述者，唐代著名诗人刘禹锡也是元稹的好友之一。刘禹锡，字梦得，河南洛阳人，自称家本荥上，又自言系出中山。唐朝文学家、哲学家，有"诗豪"之称。刘禹锡因参与永贞革新而出贬为朗州司马，元稹和刘禹锡各以"文石枕""壁州鞭"相赠，以诗互勉。刘禹锡和元稹，命运极其相似，都拥有不屈己意不畏权势的可贵品行，忧国忧民，满腔热血、报效国家却都壮志难酬。

　　元稹和刘禹锡皆为大公无私之人，心中挚爱的都是大唐，都是这个既让人骄傲，昂首挺胸，又让人担忧，日益衰落的大唐。在他们的心里，都有一个共同的愿望，大唐能东山再起，回到贞观之治，回到开元盛世，没有藩镇割据，也没有宦官当道。爱国之人都渴望国家有一个开明的君主，举贤纳士，心忧山河，却无能为力。

　　元稹罢相出使浙东后，与刘禹锡交往甚多，落魄之际，相互勉励，感情越发深厚。"同是天涯沦落人，相逢何必曾相识"，早在无形之中，命运的线就将两个人牵扯到一起，注定的缘分，无关家世，无关地位，只有真心一片。

玉人紫绶相映辉，却羞霜须一两茎。

其奈无成空老去，每临明镜若为情？

——刘禹锡《遥和韩睦州（韩泰）元相公二君子》

一首诗歌，一分情义，短短几句，聊表心中的惦念。元稹和刘禹锡都有宽广的胸怀，看着自己深爱的大唐王朝不见往日辉煌，日益衰落，心中怎能不急，怎能不痛，一身抱负无处伸展，敢怒不敢言，但是却还是爱着这片土地，刘禹锡多么希望君主能够睁大双眼，洗净心灵，清醒神志，力挽狂澜，远离小人，不近宦官，重振大唐威风。

无私之人间的友情也是无私的，没有钩心斗角，更没有心计猜疑，只有祝福。刘禹锡听到元稹被召回朝的消息，心中雀跃。有才干的人被重用是大唐的福气，即使那个人不是自己，但他的内心也是充满期待的，有羡慕，却没有妒忌，而是对朋友元稹充满祝愿，但愿这一次，朋友能一马平川，顺风顺水。

微之从东来，威凤鸣归林。

美君先相见，一豁平生心。

——刘禹锡《乐天寄洛下新诗兼喜微之欲到因以抒怀也》

天下无不散之宴席，送君千里终有一别，没有永远的相聚，没有永远的分离，在这聚散来去之间，最难过的是心，一次一次看着朋友远去的背影，不能挽留，不能流泪，更不能追马相送，有悲欢离合才算尝尽人间百味，轻轻一叹，看向有阳光的地方，才能看到希望的光芒。"海内存知己，天涯若比邻"，没有距离能够阻挡真诚，"莫愁前路无知己，天下谁人不识君。"志同道便合，永远不孤独，"人生所贵在知己，四海相逢骨肉亲"，友情已胜过亲情，有爱陪伴，有何畏惧？今日与你分别，总有一天也会把你迎接。

第三节　唯将终夜长开眼

闲坐悲君亦自悲，百年都是几多时。

邓攸无子寻知命，潘岳悼亡犹费词。

同穴窅冥何所望，他生缘会更难期。

惟将终夜长开眼，报答平生未展眉。

——元稹《遣悲怀三首》

妻子，让男人黯淡的生活多了许多颜色；妻子，愿用她的三生烟火换你一世迷离；妻子，给你最美年华，留自一头苍老。多少女人红颜悴，多少相思碎，唯留血染墨香哭乱冢。自古女子贫微贱，男人为天，子女为天，一生苍老独不为己。

相聚很短，经不住似水流年，也逃不过此间少年。两个人，一座城，一段感情，一缕浮萍，一世心伤。七年，为什么又是七年？从父亲去世到十五岁明经擢第是七年，从成亲到妻子去世也是七年，两个七年，二喜二悲，喜只得一时，悲却纠缠一世。爱是一万公顷的森林，迷了路的却是我和你，不是说好一起闯出去，怎能剩我一人回去？

生命不过走过了三十载，元稹已经失去了生命中最重要的几个人，父亲、母亲、妻子、儿子。人生有四悲：少年丧父母，中年丧配偶，老年丧独子，少子无良师。八岁丧父，二十七岁丧母，三十岁丧妻，如果悲伤可以用眼泪来计算，那么他的悲伤已经逆流成河，和自己的母亲郑氏一样，元稹的妻子韦丛去世之时，元稹也没有在妻子的身边陪伴妻子走过生命的最后一刻。元和四年十月，元稹为韦丛营葬，葬于元氏祖茔，十月十三日下葬。妻子下葬，元稹却未亲自送葬。原因是"去年御史留东台，公私蹙促颜不开"。撰写一篇情辞痛切的祭文，托人在韦丛的灵前代读。

《亡祭妻韦氏文》：夫人之生也，选甘而味，借光而衣，顺耳而声，便心而使。亲戚骄其意，父兄可其求，将二十年矣，非女子之幸耶？逮归于我，始知贫贱，食亦不饱，衣亦不温然而不悔于色，不戚于言。他人以我为拙，夫人以我为尊；置生涯于漠落，夫人以我为适道；捐昼夜于朋宴，夫人以我为狎贤，隐于幸中之言。呜呼！成我者朋友，恕我者夫人。始于为吏，得禄甚微，以日前之戚戚，每相缓以前期。纵斯言之可践，奈夫人之已而。况携手于千里，忽分形而独飞。昔凄惨于少别，今永逝与终离。将何以解余怀之万恨？

此事在白居易的《答骑马入空台》中也有记载。

君入空台去，朝往暮还来。
我如泉台去，泉门无复开。
鳏夫仍系职，稚女未胜哀。
寂寞咸阳道，家人覆墓回。

——白居易《答骑马入空台》

监察御史元君妻京兆韦氏夫人墓志铭：夫人讳丛，字茂之，姓韦氏。其上七世祖父封龙门公。龙门之后世，率相继为显官。夫人曾祖父讳伯阳，自万年令为太原少尹副留守北都，卒赠秘书监。其大王父迢，以都官郎为岭南军司马，卒赠同州刺史。王考夏卿以太子少保卒赠左仆射，仆射娶裴氏皋女。皋为给事中，皋父宰相耀卿。夫人于仆射为季女，爱之，选婿得今御史河南元稹。稹时始以选校书秘书省中，其后遂以能直言策第一，拜左拾遗，果直言失官；又起为御史，举职无所顾。夫人固前受教于贤父母，得其良夫，又及教于先姑氏，率所事所言皆从仪法。年二十七，以元和四年七月九日卒。卒三月，得其年之十月十三日葬咸阳，从先舅姑兆。铭曰：诗歌《硕人》，爱叙宗亲。女子之事，有以荣身。夫人之先，累公累卿。有赫外祖，相我唐明。归逢其良，夫夫妇妇。独不与年，而卒以夭。实生五子，一女之存。铭于好辞，以永于闻。

生命何其伟大，一个坟墓怎么会是它的终点？生命何其壮观，一篇墓志铭怎么会概括得了。绿色的森林，蓝色的海洋，晴朗的天空，辽阔的大地，只要还有人在牵挂，灵魂还是可以感受到世间的美好的。没有了呼吸，还有可以穿越时空的爱。

人走，茶凉，往事已成空。韦丛的爱是默默陪伴，是默默付出。从一个千金闺秀到贫穷妇人，无怨无悔。前生的五百次回眸换来今生的一次相遇，只因当初被元稹的才气吸引，从此便万劫不复，爱情是旋涡，围绕着你的身体，吞噬着你脱离的意志，深陷其中的你只能继续走下去，死心塌地，誓死追随，这是深爱的代价！

生时凄苦艰辛，死后寂寞悲凉。咸阳路上，独留一人行走奔赴。苍白的脸色，孱弱的身体，孤寂的夫君。两行清泪一道出，是元稹的，也是韦丛的。爱情是含泪的玫瑰，美丽也悲伤，韦丛把她最美的年华，最珍贵的青春给了自己最爱的人，她得到了人生最大的幸福，只是天妒红颜，这幸福太过短暂。

而元稹身在远方，想起过往，两行清泪，写诗一首。元稹最为知名的乃是他写给妻子的悼亡诗。艺术成就极高，陈寅恪曾在《元白诗笺证稿》中说："微之以绝代之才华，抒写男女生死离别悲欢之感情，其哀艳缠绵不仅在唐人诗中不多见而影响及后来之文学者尤巨。"

七年的时间，多少个回忆的画面。元稹感到深深的愧疚，韦丛嫁给他，他未能给她一个安定的生活，人生百年是转瞬即逝，何况他们相伴的七年呢？得之我幸，不得我命，一切都是上天的安排，悼亡诗写得再好，对死者也没有多大的意义，看不见，也听不见，那天地相隔，如此遥远，那深沉的悲哀她又怎会体会呢？世道轮回，你为我妻，生则同衾，死则同穴。来生再续前缘只是虚无缥缈的幻想，过去的一切都无法补偿了，只能永远永远地想着你，在我有限的余生里，每个夜里都思念着你，以此来报答你的平生愁苦而不得舒展的双眉。

昔日戏言身后事，今朝都到眼前来。

衣裳已施行看尽，针线犹存未忍开。

尚想旧情怜婢仆，也曾因梦送钱财。

诚知此恨人人有，贫贱夫妻百事哀。

《遣悲怀三首》约创作于元和六年（811），时元稹在监察御史分务东台任上。真情流露，可悲可叹。韦丛孤独的灵魂如生命的灵气，顽强地在这蓝色的空间寻找不断上升的轨迹，它拼命地追逐，抗拒阻拦，尽管最终依然悄然落下，却在元稹的生命里刻下永久的伤疤，在心灵上，在思想上，无论何时何地都思念。

旁人都会为韦丛的爱感动，何况是深受其恩的元稹。贤惠的妻子包揽着家里的一切事务，让他没有顾虑地去学习，去奋斗，生时没有拥有一天的喜乐日子，好不容易拨开云雾见月明，可是人却已经不在，俸禄过万，你却享受不得，只能给你烧些纸钱，人生为何有如此之多的无可奈何。生命在闪耀中现出绚烂，在平凡中现出真实。短短的七年时间，举案齐眉，相敬如宾。手中紧握着你曾穿过的衣服，回忆着你穿着简朴的衣裳打水，烧饭，照顾孩子，为我磨墨，你的针线盒放在眼前，小小的盒子，千丝万缕的关爱，在微弱的灯光下，你低着头，做着女红。看着梳妆镜，想你的柳叶弯眉，想你的不施粉黛，想你的浓妆淡抹，想你的低头浅笑。和你能共苦，却不能同甘，让我抱憾终身，让我如何祭奠你，让我如何寄托对你的哀思？

蘅塘退士曾评价《遣悲怀三首》："古今悼亡诗充栋，终无能出此三首范围者。勿以浅近忽之。"陈寅恪在《元白诗笺证稿》中这样评价："所以特为佳作者，直以韦氏之不好虚荣，微之之尚未富贵，贫贱夫妻，关系纯洁，因能措意遣词，悉为真实之故。夫唯真实，遂造诣独绝欤！"

自爱残妆晓镜中，环钗谩簧绿丝丛。
须臾日射胭脂颊，一朵红苏旋欲融。

山泉散漫绕街流，万树桃花映小楼。
闲读道书慵未起，水晶帘下看梳头。

红罗著压逐时新，吉了花纱嫩麹尘。
第一莫嫌材地弱，些些纰缦最宜人。

曾经沧海难为水，除却巫山不是云。
取次花丛懒回顾，半缘修道半缘君。

寻常百种花齐发，偏摘梨花与白人。
今日江头两三树，可怜和叶度残春。

——元稹《离思五首》

你在天堂，我在人间，山海苍茫，触景情伤，花落心残，泪湿衣裳，生亦何欢，死也难安。回忆是一面放置在阳光下的镜子，有阳光的地方，就会反射到光芒，白日有太阳，夜晚有烛光，想你，就生在某个不经意的瞬间。

十月辛勤一月悲，今朝相见泪淋漓。

狂风落尽莫惆怅，犹胜因花压折枝。

——元稹《妻满月日相唁》

寒风瑟瑟，不及心凉，一生挚爱，再无改变。一月，十月，一年，五年，十年，长安，洛阳，通州，武昌，天涯海角，都在心里。韦丛在元稹的心中有着不可取代的地位，任何人都无法相比，不管是感激还是真爱，都是他一生无法释怀的，那些遗憾，埋在他的心底，时有时无地打击着他千疮百孔的心灵。七年情债，百世难还。虽然前有管儿，后有薛涛，但在元稹的一生中，最刻骨铭心的人只有母亲和韦丛，陪伴他走过大风大浪，却没有和他共享人世繁华。人虽不在，但有些感情早已融入血液和肉体，想时会痛，念时会苦，一生一世皆难忘，唯将终夜长开眼。

第四节 心忧山河胆魄胜

吾闻昔日西凉州，人烟扑地桑柘稠。

蒲萄酒熟恣行乐，红艳青旗朱粉楼。

楼下当垆称卓女，楼头伴客名莫愁。

乡人不识离别苦，更卒多为沉滞游。

哥舒开府设高宴，八珍九酝当前头。

前头百戏竞撩乱，丸剑跳踯霜雪浮。

狮子摇光毛彩竖，胡腾醉舞筋骨柔。

大宛来献赤汗马，赞普亦奉翠茸裘。

一朝燕贼乱中国，河湟没尽空遗丘。

开远门前万里堠，今来蠛到行原州。

去京五百而近何其逼，天子县内半没为荒陬，西凉之道尔阻修。

连城边将但高会，每听此曲能不羞。

——元稹《和李校书新题乐府十二首·西凉伎》

大唐，是封建帝制中留下最长时间历史的王朝，二十一位皇帝相继续写着二百八十九年的历史，是最强盛的时代之一。大唐疆域辽阔，科技发达，诗歌上更是创造了历史新高。多少诗人为那时的大唐昂首挺胸，每每提起得意扬扬，许多诗人都曾奋笔疾书，用一首首诗歌表达对大唐的热爱之情："长安大道连狭斜，青牛白马七香车"；"忆昔开元全盛日，小邑犹藏万家室。稻米流脂粟米白，公私仓廪俱丰实"。如此伟大的祖国，怎能任由它日益衰败，任人宰割？万千战士主动请缨，奔走前线，为国捐躯，虽死犹荣。

自古文坛上不乏爱国诗人，屈原、杜甫他们不仅是创作诗歌的诗人，更是满腔热血，可为祖国牺牲的爱国者。屈原"长太息以掩涕兮，哀民生之多艰"，杜甫"北极朝廷终不改，西山寇盗莫相侵"。元稹亦如此，心忧山河，虔诚为民，近三十年的仕途之旅，元稹展现出来非凡的胆魄，可敬可畏，可歌可叹。

胆魄，是人特有的胆量和魄力，是成功的关键因素，无胆魄之人，犹豫不决，优柔寡断，停滞不前，遗憾终身；有胆魄之人，当机立断，无所畏惧，从不停歇，即使地位不能登高，精神也在高处，人也德高望重。有胆魄的人，有"会当凌绝顶，一览众山小"的豪迈，有"先天下知忧而忧，后天下之乐而乐"的胸襟，有"安得广厦千万间，大庇天下寒士俱欢颜"的忧国忧民。而这些，元稹的身上都有。

敢于创新是一种胆魄，倘若没有大胆放肆的猜想，就永远不会知识的进步。元稹与好友白居易等人共同开创新乐府运动，打开新兴诗歌的大门，创新需要勇气和自信，敢于开创，不畏惧流言蜚语，不害怕闲言碎语，不管成功与否都敢于尝试，更不怕失败。

元稹的一生坎坎坷坷，亲眼看着一个个至亲至爱的人离他远去，亲眼看见自己引以为傲的大好河山一次次经历风摇雨动，亲身经历一片赤诚之心却被贬谪陷害，如果没有乐观和勇敢，生命的长度也许和诗鬼相差无几。

元稹的一生的成就主要在文学和政治两个方面，能有如此成就，元稹的胆魄至关重要。文学上，元稹诗文兼擅，《元稹集》存文三十多卷，自编其诗集、文集、与友人合集多种。其本集《元氏长庆集》收录诗赋、诏册、铭谏、论议等共100卷。

乐府诗在元诗中占有很大分量，元稹的《和李校书新题乐府十二首》和刘猛、李余《古乐府诗》的古题乐府十九首，在元稹集中也列为乐府类，旨含讽喻，和《长恨歌》齐名。其铺叙详密，优美自然，创新词新义，主题深刻，描写集中，表现有力。

元稹诗中最具特色的是艳诗和悼亡诗，元稹擅写男女爱情，描述细致生动。悼亡诗为纪念其妻韦丛而作，《遣悲怀三首》流传最广，这三首诗表达对亡妻的不尽思念，写得悲气袭人，令人不由得一掬同情之泪，其中第二首的结句"贫贱夫妻百事哀"为世所传诵。而《离思五首》其四这一首也极负盛名，该诗写出了元稹久藏心底的不尽情思，因为与情人的曾经相识而自此对其他的女人再也不屑一顾，诗中的比兴之句语言幻美，意境朦胧，脍炙人口。元稹其集与白居易同名长庆，今编诗二十八卷。

从元稹自编其集流传后世中我们不难得出以下结论：没有自信就没有胆魄，没有胆魄就没有创作，如果没有创作，就不会被广为流传，成为诗歌的新纪元，元稹这个名字也许就不会为人所知，成功之人都必有胆量和魄力，畏畏缩缩的人永远无法攀登到人生的高处，看不到顶点的奇幻美景，事情有时就是这样，皇天终究不会辜负心有胆魄之人。

元稹在散文和传奇方面也有一定成就。他首创以古文制诰，格高词美，为人效仿。其传奇《莺莺传》叙述张生与崔莺莺的爱情悲剧故事，文笔优美，刻画细致，为唐人传奇中之名篇。后世戏曲作者以其故事人物创作出许多戏曲，如元代王实甫《西厢记》等。

元稹欣赏、崇拜杜甫，欣赏他的"艰难苦恨繁霜鬓，潦倒新停浊酒杯"，即使长年漂泊依然慷慨激昂；欣赏他的"感时花溅泪，恨别鸟惊心"，身体虽已老，爱国之心仍未变；欣赏他的"出师未捷身先死，长使英雄泪满襟"，身为大唐子孙，渴望为国捐躯。在元稹的很多诗歌中能够找到杜甫诗歌的影子，而且"青出于蓝而胜于蓝"，于平浅明快中呈现华丽优美，色彩鲜明，曲折起伏不断，细腻且真实感人。在诗歌形式上，元稹是"次韵相酬"的创始者。《酬翰林白学士》《酬乐天》，均依次重用白诗原韵，韵同而意殊。这种"次韵相酬"的做法，在当时影响很大。

将心中所想立即付诸行动，是一种魄力，不害怕失败是一种胆量，更是一种内心的强大。世界上多少人被失败打倒、打怕，一蹶不振。而元稹则不然，他的一生虽然坎坷不顺，但他越挫越勇，百折不挠，这是一种精神，不惧困难，不怕强敌，一往无前地去夺取胜利；勇敢，难能可贵，不怕天不畏地，不怕权不惧势，坚定不移地捍卫真理。在元和五年（810），元稹奉命出使剑南东川，大胆劾奏不法官吏，平反许多冤案。在任浙东观察使的六年中，元稹兴修水利，发展农业，颇有政绩，深得百姓拥戴。

元和四年（809），元稹作《和李校书新题乐府十二首》。《新题乐府》改变过去拟赋乐府古题的习惯，开创以新题写时事的乐府式的诗。李绅所作有二十首，元稹在诗序中称赞"雅有所谓，不虚为文"，并"取其病时之尤急者，列而和之"。《西凉伎》为第四首。

元稹的知己白居易也曾作同名诗歌《西凉伎》，两首诗歌的创作背景相同，但是创作时间上有差异，元稹的《西凉伎》在白居易创作之前。诗中的《西凉伎》是指中国唐代的狮舞文化，它是依据《狮舞》和《胡腾舞》演变而来，中国最初的狮舞文化便从此处开始，诗中用对比的手法来讽刺凉州的沦陷，如同大唐，曾经繁荣昌盛，如今却日益凄凉荒芜，同时批判骄奢淫逸的统治者，表现出元稹急切希望统治者能够收回被侵占的领土，早日恢复繁荣局面，忧国忧民以及对自己回天无力的复杂情感。

《元白诗笺证稿》：自安史乱后，吐蕃盗据河湟以来，迄于宪宗元和之世，长安君臣虽有收复失地的计划，而边镇将领终无经略旧疆之志意。此诗人之所以同深愤慨，而元白二公此篇所共具之历史背景也。微之少居西北边镇之凤翔，殆亲见或闻知边将之宴乐嬉游，而坐视河湟之长期沦没。故追忆感慨，赋成此篇。颇疑其诗中所咏，乃为刘昌辈而发。既系确有所指，而非泛泛之言，此所以特为沉痛也。

几番风雨几翻船，事实证明，元稹心忧山河胆魄取胜，虽然后期新乐府运动受到挫折，但是不可否认，新乐府运动的产生在中国诗歌历史上留下了光辉的一页，对后世诗歌产生了深远的影响。虽然大唐的命运并没有因为元稹弹劾不法官吏而改变，但是元稹为国为民尽心尽力，无愧于心。

人的一生，多不如意，只要坦荡真诚，无愧于心，不必计较太多。人生的路上总不会一帆风顺，生活之中总有风雨，总有霜雪，挫折失败总会不期而遇，困难险阻，总会不约而至，只要我们曾经努力过，就会有胜利的希望，愿如元稹，拥有胆魄，无悔一生，无愧于人。

第七章

坎坷仕途却不悔

第一节　辗转江陵惊梦中

崔嵬分水岭，高下与云平。上有分流水，东西随势倾。

朝同一源出，暮隔千里情。风雨各自异，波澜相背惊。

…………

易时不易性，改邑不改名。定如拱北极，莹若烧玉英。

君门客如水，日夜随势行。君看守心者，井水为君盟。

——元稹《分水岭》

一座城，一阵喧嚣，一潭江水，一段历史。江陵，古名荆州，纠缠了三国时期一阵尔虞我诈，纷扰战争的古城，一缕缕炊烟，簇簇战火，盘旋在城墙的上方，吹过了百年春秋，如今烟消云散，历史还在继续，人来人往，留下痕迹，留下故事。

瞬息万变的世界，有人清醒，有人迷醉，江陵是贬谪文化的转折点，爱国诗人屈原在此地出生，当他写下"鸟飞反故乡兮，狐死必首丘"的悲怆诗句时，似乎也注定来此城留诗者必有眼泪随江而流的浪漫，才华得不到施展的苦闷。江陵，地处长江中游，江汉平原西部，南临长江，北依汉水，西控巴蜀，南通湘粤，有"七省通衢"之称。这里有缓缓流淌的河流，这里有高低不同的平原，时过境迁，不知不觉，江陵这座城市的上空早已沾染了太多落寞的色彩，江陵的天空也不是单纯的蔚蓝，出现了更多的压抑，忧伤的黛蓝。

同王粲、张九龄等人一样，元稹也在江陵度过了人生的低谷，这一段低谷却创造了他诗歌的高峰，这五年，江陵是他的港湾，是他的情伤地，是他挥之不去的梦魇。这五年，诗歌创作成为元稹仅有的发泄情绪的方式。

元和五年（810），元稹因弹劾河南尹房式（开国重臣房玄龄之后）不法事，被召回罚俸。途径华州敷水驿，便住宿在驿馆上厅，恰逢宦官仇士良、刘士元等人在此，也要争住在上厅，元稹据理力争，却遭到仇士良的谩骂，刘士元更是上前用马鞭抽打元稹，打得元稹鲜血直流，最终被赶出了上厅。

从未受过如此侮辱的元稹心中的痛苦和挣扎是旁人永远无法理解和体会的，铁肩担道义，男儿当自强，堂堂七尺男儿，顶天立地，纵然男子汉能屈能伸，可受此侮辱，他的人格，尊严，都被人无情肆意践踏，怎能忍气吞声，怎能不耿耿于怀，否则怎么能对得起列祖列宗？

谩骂，难以忍受的一字一句，抽打，无法躲开的疼痛，其气焰之嚣张，其手段之霸道，其势力之强大，无不让元稹感到心痛，国家如此，何以昌盛？男儿志在四方，士可杀不可辱，受如此辱，何为男儿？

但元稹还是选择忍耐，只要自己不倒下，就没人能让你倒下，只要自己不认输，就没人能打败你。雄鹰之所以成为雄鹰，在于它忍受了电闪雷鸣，忍受了逆风旅行；芳草之所以成为芳草，在于它忍受了大树压顶，忍受了狂风暴雨；大理石之所以能成为英雄的雕像，在于它忍受了工匠的雕刻，忍受了刻骨铭心的痛苦；韩信忍胯下之辱，成就千秋大业；孙膑被挖去膝盖骨，著成《孙膑兵法》；司马迁因李陵之祸入狱受宫刑，狱中创作《史记》；而元稹虽今日受辱，日后也在诗歌上取得了巨大的成就，仕途也走到高峰，成为一人之下万人之上的宰相。

此事一出引起很多人的不平。刘禹锡听说此事后，对朝廷如此包庇宦官感到气愤，为褒奖和鼓励元稹不屈从于阉竖淫威的气势，特意赠给他一只文石枕和一首诗。

文章似锦气如虹，宜荐华簪绿殿中。

纵使良飙生旦夕，犹堪拂拭愈头风。

——刘禹锡《赠元九侍御文石枕以诗奖之》

元稹得诗以后，十分愉快地回赠了壁州产的马鞭和一首答谢诗。

枕截文琼珠缀篇，野人酬赠壁州鞭。

用长时节君须策，泥醉风云我要眠。

歌眄彩霞临药灶，执陪仙仗引炉烟。

张骞却上知何日，随会归期在此年。

——元稹《刘二十八以文石枕见赠仍题绝句以将厚意，因持壁州鞭酬谢，兼广为四韵》

刘禹锡接到元稹的酬赠后，又写了《酬元九侍御赠壁州鞭长句》。

碧玉孤根生在林，美人相赠比双金。

初开郢客缄封后，想见巴山冰雪深。

多节本怀端直性，露青犹有岁寒心。

何时策马同归去，关树扶疏敲镫吟。

——刘禹锡《酬元九侍御赠壁州鞭长句》

刘禹锡在诗中将元稹比作"碧玉""美人""郢客"，赞扬元稹为追求真理而坚持的"端直性"以及在困苦万分的贬谪生活中保持的"岁寒心"，寄希望与元稹"策马同归"京城，大展宏图的美好明天。

通过咏鞭赞扬元稹的品格，并含有以志节共勉之意。刘禹锡自己身处逆境，还十分关心朋友的遭遇。后来，刘禹锡与元稹之间一直保持着唱和关系。他们共同具有的刚正不阿的品格，使他们两人心心相印。

秋风落叶愁满楼，江水不应，星辰不语，希望落空，回朝后唐宪宗便以"元稹轻树威，失宪臣体"为由，贬元稹为江陵府士曹参军。从此元稹开始了他困顿州郡十余年的贬谪生活。

杂草不除，禾苗不壮，但唐宪宗由宦官扶持登位，受限于宦官，多事有无可奈何。元稹只能理解，皇帝受制于人，是他的悲哀，是皇帝的悲哀，也是大唐的悲哀。公正无私，一言而万民齐，他为朝廷，可鞠躬尽瘁，也可死而后已，却无法忍受如此的不公，至此，贬谪一事是元稹久久不能释怀的。

《分水岭》是元和五年（810）元稹被贬江陵府士

曹参军途中所作的十七首诗之一。诗作用比兴手法描写溪水与井水的相异之处，揭示了仕途中奔走经营者与坚贞自守者两类人的性格特征，并以后者自誓，表明对这次远谪的态度。安史之乱是唐朝的分水岭，之前国泰民安，繁荣昌盛，之后破败衰落，战乱不断，江陵亦是元稹诗歌和思想的分水岭。

一日春风吹不尽三冬的严寒，初到江陵，抑郁之情充满心结，久久不发，纠缠在心头，难解惆怅，不时便有病魔纠缠，雪上加霜又穷困潦倒，照料韦丛所生幼女保子，生活一时剪不断，理还乱，苦不堪言，极为凄惨。

> 漠落因寒甚，沉阴与病偕。药囊堆小案，书卷塞空斋。
> 胀腹看成鼓，羸形渐比柴。道情忧易适，温瘴气难排。
> ⋯⋯⋯⋯⋯
> 坏壁虚缸倚，深炉小火埋。鼠骄衔笔砚，被冷束筋骸。
> 毕竟图斟酌，先需遣疹痎。枪旗如在手，那复敢峥嵘。
> ——元稹《病卧闻幕中诸公征乐会饮，因有戏呈三十韵》

生命尤为脆弱，风吹雨淋，会生病，会难受，会头晕目眩，比肉体更脆弱的是精神和心灵，贬谪，打击，侮辱，丧母，丧妻，种种悲怆接踵而来。是人有血有肉有感情，人在失意的时候总会想起忧伤的往事，一个个他深爱的、亲爱的人相继离开，内心的空白，伤心到绝望，天空从晴朗到阴暗到满布乌云，顶天立地的男儿也是一副血肉之躯，这样失意、悲观的日子，没有母亲的鼓励和安慰，没有妻子的陪伴和支持，没有知己的理解和共勉，没有空间去释放和发泄，所有的压抑，一路走来的辛苦和艰辛都要一个人承受，单枪匹马，没有将，没有士，一个满身伤痕的身躯，支离破碎的心灵去前进，面对气势磅礴的兵卒，面对突如其来的寒风，是考验，也是折磨，更是摧残。

伤禽我是笼中鹤，沉剑君为泉下龙。重纩犹存孤枕在，春衫无复旧裁缝。

检得旧书三四纸，高低阔狭粗成行。自言并食寻高事，唯念山深驿路长。

公无渡河音响绝，已隔前春复去秋。今日闲窗拂尘土，残弦犹迸钿筝篌。

婢仆晒君馀服用，娇痴稚女绕床行。玉梳钿朵香胶解，尽日风吹玳瑁筝。

伴客销愁长日饮，偶然乘兴便醺醺。怪来醒后傍人泣，醉里时时错问君。

我随楚泽波中梗，君作咸阳泉下泥。百事无心值寒食，身将稚女帐前啼。

童稚痴狂撩乱走，绣球花仗满堂前。病身一到總帷下，还向临阶背日眠。

小于潘岳头先白，学取庄周泪莫多。止竟悲君须自省，川流前后各风波。

——元稹《六年春遣怀八首》

《六年春遣怀八首》创作于元和六年（811），意在悼念妻子韦丛，孤苦伶仃，想起妻子生前无怨无悔的陪伴，虽然也是聚少离多，但是心灵上一直都很满足，如今心事无处说，涕泗无处流，只得怀念。诗中亦诉说了幼女不知丧母之悲，任性哭闹令其劳神的凄苦情状。孩童不知痛，不知愁滋味，不知生活苦难，幼小的心灵那么稚嫩，人生经历稀少，她还不知道母亲对于她的意义，但元稹却深知失去母亲的痛苦，想到女儿小小年纪无母亲疼爱，他怎不肝肠寸断？生命还没完全开始就已经开始有了遗憾，如同他的仕途之路，还没完全出发已经遭遇贬谪。

身在异乡，睹物思人，虽还存在于世间，如同受伤之鸟、笼中之鹤，失去至亲，壮志难酬，无异于苟活于世，而辞世的妻子是沉埋的剑化成泉下之龙，虽死犹生。看着裁制的棉被枕头，却不见裁制的人，看着妻子生前写过的信纸，顿觉熟悉而亲切，自然唤起往昔共同生活的深情追忆，浮现出亡妻朴质淳厚的身影，信中的关怀之词感怆嘘唏，催人泪下。真正深挚的爱，往往是这样朴质而无私的。此时的元稹最需要得到精神支持，偶检旧书，重温亡妻在往昔艰难生活中所给予他的关怀体贴，想到当前孤单无援的处境，不能不百感交集，黯然神伤，悼亡诗贵于诗句平易浅切，华丽雕琢往往是会伤真的，朴质平易倒是表达真情实感的好形式。

一个春天，两个秋天。午后，在闲窗前拂拭落满尘土的箜篌，偶触琴弦听到往日箜篌迸发的乐声，箜篌犹可见，乐声还记得，人却不在了。娇痴的幼女可以绕着床边行走，看着女儿思念着妻子，宿醉的梦里呼唤着妻子的名字，曾经走过的日子如何能够忘怀？

元稹的老朋友李景俭见此状况，为元稹张罗纳江陵女子安仙嫔为妾，以照料元稹及其幼女。关于安仙嫔的记载并不多，只道是唐朝著名诗人，元稹之妾。此时韦丛去世不满三年，从而对于元稹纳安仙嫔招来不少是非之言。谩骂之语，层出不穷，表里不 　，虽作悼亡诗数首，却在妻子去世不满三年之际纳妾。

多一个人心里就多了一分依靠和慰藉，伤口愈合越发快速，从满心愤懑，到触景生情，到缅怀过去，到心平气和，逐渐，元稹专心于诗歌创作。生活如花，会绽放，会凋零。绽放时姹紫嫣红，凋零时瓣如雨下，生活如歌，有欢快也有悲伤，欢快的载歌载舞，悲伤的扣人心弦，"沉舟侧畔千帆过，病树前头万木春"，再绝望的境地都有转机，再严密的城墙也会有缝隙，希望的光就从那里透过来。三十四岁时，应李景俭的要求，元稹在江陵首次刊印了自己的诗集《元氏长庆集》，收入八百多首诗。这是他贬谪江陵期间的重要事件之一。再次出个人作品集时，有诗一千多首，共百卷，北宋欧阳修曾见过。现存不到八百首，其中有二百九十首作于江陵，这些诗中，元和五年被贬途中半月存诗三十八首，江陵任上存诗六十四首，其后共有诗一百八十八首。

维鹈受刺因吾过，得马生灾念尔冤。
独在中庭倚闲树，乱蝉嘶噪欲黄昏。

才能辨别东西位，未解分明管带身。
自食自眠犹未得，九重泉路托何人。

尔母溺情连夜哭，我身因事有时悲。
钟声欲绝东方动，便是寻常上学时。

莲花上品生真界，兜率天中离世途。

彼此业缘多障碍，不知还得见儿无。

节量梨栗愁生疾，教示诗书望早成。

鞭扑校多怜校少，又缘遗恨哭三声。

深嗟尔更无兄弟，自叹予应绝子孙。

寂寞讲堂基址在，何人车马入高门。

往年龚已同潘岳，垂老年教作邓攸。

烦恼数中除一事，自兹无复子孙忧。

长年苦境知何限，岂得因儿独丧明。

消遣又来缘尔母，夜深和泪有经声。

乌生八子今无七，猿叫三声月正孤。

寂寞空堂天欲曙，拂帘双燕引新雏。

频频子落长江水，夜夜巢边旧处栖。

若是愁肠终不断，一年添得一声啼。

——元稹《哭子十首》

以为能够从此安定，不想还是坎坷不断，不幸再次落到元稹的身上，元和九年（814），安仙嫔去世。

【葬安氏志】

予稚男荆母曰安氏，字仙嫔，卒于江陵之金隄乡庄敬坊沙桥外二里妪乐之地焉。始辛卯岁，予友致用悯予愁，为予卜姓而授之，四年矣。供侍吾宾友，主视吾巾栉，无违命。近岁婴疾，秋方绵痼，适予与信友约浙行，不敢私废，及还，果不克见。大都女子由人者也，虽妻人之家，常自不得舒释，况不得为人之妻者，则又闺袵不得专妒于其夫，使令不得专命于其下，外己子，不得以尊卑长幼之序加于人，疑似逼侧，以居其身，其常也。况予贫，性复事外，不甚知其家之无，苟视其头面无蓬垢，语言不以饥寒告，斯已矣。今视其箧笥，无盈丈之帛，无成袭之衣，无帛里之衾，予虽贫，不使其若是可也，彼不言而予不察耳，以至于其生也不足如此，而其死也大哀哉！稚子荆方四岁，望其能念母亦何时？幸而立，则不能使不知其卒葬，故为志且铭。铭曰：复土之骨，归天之魂。亦既墓矣，又何为文。且曰有子，异日庸知其无求墓之哀焉。

安仙嫔去世之时元稹正在浙东与好友团聚，虽从家书中了解安仙嫔的病情，却不以为意，谁料想一时疏忽就是阴阳永隔，捶胸顿足也难表悲伤，一丧妻，二丧妾，如何能不痛苦。安仙嫔虽为侍妾，但是一起度过的时光却是不能抹去的。

容颜易老，烟花易冷，时光易逝，人难团圆。安仙嫔的出现暂时减缓了元稹思念发妻的哀愁，安仙嫔很像韦丛，却不是韦丛，元稹心如明镜，却还是无法阻止自己去想念。但不可否认韦丛和安仙嫔的确有很多相似的地方，很多次元稹都能在安仙嫔的身上看到韦丛的影子。相似的年龄，"芙蓉不及美人妆"；相似的样貌，"美人如花隔云端"；相似的性格，"娴静似娇花照水"。

虽然两个人相伴的日子不过几年，却也给元稹生育了两个子女；虽然安仙嫔地位不如发妻高贵，但却和发妻一样有着良好的家教；虽然元稹与安仙嫔的感情不如和韦丛深厚，但是在他最孤独失意的时候安仙嫔给他慰藉。她们两个人都是那样的知书达理、贤良淑德，没有一丝的脾气，没有一点儿的娇纵，没有一句的抱怨，整顿家务井井有条，真正做到让他无后顾之忧。她们给他的空间让他感动，给他的支持让他宽慰，给他的鼓励让他喜悦。

只因她们如此懂他，支持他，深爱他，不给他增添任何的烦恼，让他全心全意为国效力，东奔西走，才会导致他们聚少离多。他忽视了她们的孤独，落寞，只见她们表面上温顺的笑容，忘记了黑夜中她们伤心的眼泪。就像冬日的梅花，只看到它们的娇艳美丽，没有想到为了在寒冬中绽放，坚持了多少，承受了多少，美丽的背后有多少辛酸的眼泪和挣扎的痛苦。

忙于政事的他居然忘记她们也是血肉之躯，有感情的、平凡的人类，悲伤时需要人安慰，失落时需要人关怀，惆怅时需要人鼓励，疲惫时需要人陪伴，就像小草茁壮需要水的滋润，鲜花的开放需要光的照耀，彩虹的出现需要在暴风雨之后，更何况是人呢！

那是作为一个夫君应尽的责任和义务，修身齐家治国平天下，他为了保全大家而忽视了小家，是大错特错。家不齐，国难平，就因为有那么多的不清醒，今日才会有这么多的遗憾。以前从未想到过失去，理所当然地拥有太过肆无忌惮，老天才会收走那些视而不见听而不闻的温暖。风已散，人不见，空悲切。但是再多的悔恨都唤不来曾经，那些不可否认的过往。正是青春年华，还是稍纵即逝。

原以为就此能够走入平淡，不想安仙嫔去世不久他们俩的爱情结晶元荆早夭，不过十年，元稹四见白幡。

孩子，是上帝遗落在人间的精灵，他们活泼可爱，纯洁无瑕，有一颗干净的、未经雕琢的赤子之心，有稚嫩、未曾沾染的天真气息，他们的脸庞是快乐的，是无忧无虑的，是天真烂漫的。他们光滑细腻的皮肤，未经苦难与波折，只有过爱的亲吻，没有风雨的洗礼。短短的几年，只有欢声笑语，没有无奈的悲叹，这就是童年，这就是光阴，这就是一去不复返的时光。

元積陷入沉思，他的生命里已经有太多的遗憾，对父亲，对母亲，对妻子，对孩子，仅有的余生已经不足够他去忏悔。到如今，才想到没有开始就已经结束的生命残留的遗憾才是最多的。无论酸甜苦辣，不管有多么的无可奈何，至少他都曾经经历过，感受过，体验过，可是孩子连什么是酸甜苦辣，什么是无可奈何都还不知道。不管曾经在乎的人儿如今身在何方，至少他们都曾相聚过，有过共同的时光，可是这么小的孩子，什么是在乎，什么是拥有，什么是相聚，什么是知己，什么是失去都不知道。

他已成人，面对疼痛，为了不让关心自己的人担心，可以忍气吞声，可以咬破嘴唇和血吞，即使没有母亲爱怜的抚摸，即使没有父亲柔声的鼓励，身为男儿，他都可以坚强地挺过去，但是儿子那么小，却在经历这样的痛苦。大声地哭喊，痛苦的感觉侵蚀他幼小的身体，那么疼，那么痛，那么难过。身为父亲，他生命的支柱，却不能帮上他一分一毫，自责和悲哀顿时冲击着元積的心头，心痛无以复加，原来无能为力也是一种悲哀，悲哀的感觉那么清晰。

掩面哭泣也不能表达内心的苦闷，多少眼泪都不能算出他伤心的程度。如此小的孩子便失去生命，怎能不叫他伤心，他不知道这次闭上眼睛的代价，不知道什么是不舍，不知道要留恋什么。儿子早夭，如同在他的心口上砍了一刀，如今的心口裂开，鲜红的血一滴一滴地流淌。他还那么小，这个年纪是一个美丽童话的开始，可是刚刚开始就结束了，戛然而止后的安静和悲痛都看不见，听不到，狠心扔下这个色彩缤纷、神奇无比的世界，狠心抛下已经饱经风霜日益年老的父亲。

离开了，长上了一对翅膀，飞向了他的母亲，独留父亲回忆伤心。元稹望着孩子安静的容颜，仿佛只是睡着了一般，心里默默地对着孩子说道：孩子，坚韧地飞吧，不要为风雨所折服;诚挚地飞吧，不要为香甜的蜜汁所陶醉。朝着明确的目标，飞向美好的另一个世界，没有痛苦，没有贫苦，没有别离。陪伴着你的母亲，保护她，照顾她，代我补偿曾经带给她的孤独和失意。

最后一次伸出长满茧子的手去抚摸孩子稚嫩的脸庞，小小孩子，不懂离愁，只是一味向前奔跑，不回头，不犹豫，那身影却是无比的活泼，快乐！元稹充满坎坷的人生，多少个寂寞的日子因为有了孩子而充满了温馨，多少个平淡的日子因为有了孩子而乐事无穷，多少个不开心的日子因为有了孩子而一切风平浪静，多少个幸福的日子，因为有了孩子而更加甜蜜。

"死去元知万事空"，元稹曾经还幻想过，希望元荆在成长过程中能够像一颗种子，勇敢地冲破泥沙，将嫩绿的幼芽伸出地面，指向天空。等他再大一些，像当年父亲教他一样教他读书识字，告诉他人生很漫长，不管遇到多大的困难都要咬牙坚持，怀抱希望，因为"山重水复疑无路，柳暗花明又一村"。对他说仰望阳光能温暖心灵，面对风雨能强大内心，直视彩虹能化解干戈，遗忘悲伤能避开不幸。

在所有的离别中，亲人的逝去会让人更加的迷茫与绝望。看到曾经熟悉的生命走到尽头，记忆中与之一同经历的坎坷与幸福，在撕心裂肺的哭声中再次浮上心头。然而，在无尽的缅怀中，也终要明白："逝者已去，生者已矣。"老泪纵横，虚度浮生，只能珍惜身旁仅有的鲜活生命，每次元稹抬头仰望天空中飞过的杜鹃，有些哀鸣的叫声似乎在告诉他："不如归去，不如归去"，他都有过放弃的念头，回到家乡，陪着逝去的亲人，但是他被寄予太多人的期望，只能带着离开的亲人的梦想，勇敢地走下去，因为只有这样他们才能在天堂安息。

第二节　独在他乡为异客

仙都难画亦难书，暂合登临不合居。

绕郭烟岚新雨后，满山楼阁上灯初。

人声晓动千门辟，湖色宵涵万象虚。

为问西州罗刹岸，涛头冲突近何如。

——元稹《重夸州宅旦暮景色，兼酬前篇末句》

　　人生有一种苦涩叫背井离乡，家，一个不需要太大的地方，却有温馨，有亲情，有疼爱，有无私奉献、温柔慈爱的母亲，有内敛严苛的父亲，有顽皮可爱的姐妹弟兄。家，是每个人心中最为依恋的地方，无论身在何方，都有一个最牵挂，最想念的地方，那便是家。家是一颗神奇的良药，能治愈所有的伤痛，家是春日的暖风，不仅能够唤醒嫩芽，开出美丽的花朵，也能吹走纠缠在你心中久久不散的忧愁和未曾释放的压抑，家是一把万能的钥匙，能解决你在外面遇到的所有难题。

谁不想一直和家人在一起，但是却总有那么多的无可奈何，贬谪，让多少人背井离乡，贬谪已经让诗人内心苦闷，奔走他乡，更让诗人苦不堪言，只能赋诗一首聊表对家乡的思念，"故乡今夜思千里，霜鬓明昭又一年"，身在他乡以至早生华发，"人言落日是天涯，望极天涯不见家"，高山上眺望，望得见天涯路，看不见回乡路，"若为化得身千亿，散上峰头望故乡"，思乡成疾，愿化清风，遥望故乡，同样四处漂泊的元稹如同一只孤鹰，只得处处无家处处家。

长庆三年（823），元稹被调任浙东观察使兼越州刺史。离开家乡，一直在大江南北流浪，不知周期，不知终点。陌生的地方，陌生的景色，孤单的人儿，孤单的心，届时，只有美景和乐曲能抚慰元稹的还未结疤的伤口。

越州，饱经沧桑的城市，在微茫的大海上只是一条小小的船，却坚持不懈勇敢地漂过了两千五百年，二十多个世纪，一直演绎着属于自己的多情自古，大禹曾在这里治水，诗人曾在这里留下千古绝唱，戏曲丛生，丰富着地方的风俗文化。从夏朝到中唐，日久弥新，不断发展，在风雨的洗礼下，越发诗情画意，那山，那水，那阁楼，更加的神秘、美丽、多情。"悠悠鉴湖水，浓浓古越情"，揽尽江南的风情美景，在众多古城中脱颖而出，越州，让无数雅人争相竞游，皆想在这片土地上留下足迹。

历史上李白、杜甫、孟浩然、白居易等数百位著名诗人都在越州留下了赞美稽山鉴水的绚丽诗篇，兰亭、东湖、曹娥庙、百丈飞瀑、吼山残石、纤道古桥、安昌古镇等景点闻名遐迩，悠久的历史文化，浓郁的越乡风情，水乡、桥乡、酒乡的美誉。李太白游览越州壮景曰"秀色不可名，清辉满江城。人游月边去，舟在空中行"；王逸少畅玩兰亭作诗"仰视碧天际，俯瞰绿水滨。山阴道上行，如在镜中游"。

> 莫嗟虚老海墙西，天下风光数会稽。
> 灵氾桥前百里镜，石帆山崦五云溪。
> 冰销田地芦锥短，春入枝条柳眼低。
> 安得故人生羽翼，飞来相伴醉如泥。
>
> ——元稹《寄乐天》

元稹在越州也度过了数年，闲暇时光不免四处游玩，放松心情。《寄乐天》创作于元稹在越州期间，诗中描绘了会稽山前早春时节的优美风光，田地里冰雪消融，芦荻长出新笋，杨柳枝上露出嫩绿的新芽，随风飘扬，映入眼帘，一片生机盎然。

观此情此景，难免触景生情，唤醒过往记忆，当年元稹和乐天在长安备考前游山玩水，吟诗作画，如今二人天南海北，相距千里，许久不见，甚是想念，寄美景诗一首，愿乐天来到越州，叙旧赏景。

也许上天见不惯元稹的孤独和惆怅，无知己相伴，便经风花雪月。本想迎接薛涛，再续前缘，不料一遇刘采春便让元稹觉得格外投缘，搁置了薛涛。

元稹任越州刺史、浙东观察使其间，遇到了江南著名女诗人刘采春。刘采春，淮甸一带人，和元稹一样自小家境贫寒，遂每有学习的机会便十分刻苦勤奋，较旁家子弟多些刻苦，这为其以后的诗歌创作打下了坚实的基础。刘采春擅长参军戏，丈夫周季崇与哥哥周季南都是有名的伶人，他们尤其擅长演绎参军戏。参军戏在唐朝时期非常流行，又称"滑稽戏"，由于参军戏最开始需要两个人配合，后来逐渐演变成多人搭档，于是刘采春与丈夫周季崇等人组成了家庭戏班。中唐时期，刘采春以娓娓动听的音色闻名于江南。彼时吴越一带，每当刘采春的《曲》响起，"闺妇、行人莫不涟泣"，嗓音如夜莺，歌声彻云，绕梁三日而余音不绝。刘采春当时二十五岁，充满了妩媚和娇柔，比起薛涛的成熟知性，更让元稹不自觉亲近。

当元稹听到《望夫歌》，顿时入了迷，失了神，周围似乎飘散着稻麦的芳香和泥土的气息，歌声中的感情，那么丰富，那么细腻，那么深情。听到歌声，仿佛尝到了农家的新米饭和自酿的苞谷酒，意犹未尽，酣畅淋漓，一字一句好似敲打着元稹的心巢，令人如痴如醉。

《望夫歌》是刘采春所唱的经典乐曲，是否皆为刘采春所写有待考证，刘采春因《望夫歌》而远近闻名，拥有许多忠实的聆听者。《望夫歌》是组曲，共六首，吟唱的皆为以思夫为内容的歌曲，命名更是催人泪下，惹人同情。《望夫歌》也称《啰唝曲》，"啰唝"意为"来罗"，是江南地区的方言，有盼望远行人回来之意，整曲抒发离愁的感伤，所以元稹在《赠刘采春》一诗中说她"更有恼人肠断处，选词能唱望夫歌"。

为何《望夫歌》深受人们的喜爱？尤其是女子，因为大唐时期江南的商业非常发达，不少城市是对外通商口岸。唐代开始，已有大量的商人长期远行在外，进行各种贸易活动，这给家庭带来很多影响。男子因从事商业，家中生活富足，丰衣足食，但是鱼与熊掌不可兼得，家中的田地便无人耕种，只能由留守在家的女子来春耕夏耘秋收冬藏，农业相对落后，男子常年在外奔

波，无人陪伴，内心十分孤独，而且商海如宦海，天有
不测风云，极其危险。女子要赡养老人，照顾子女，还
要耕地，十分辛苦，钱多压身，经常有宵小觊觎，而且
因丈夫经商，聚少离多，因此内心寂寥，思念丈夫。
《望夫歌》恰恰唱出了她们的心声，从而对刘采春的曲
子十分喜爱。

> 不喜秦淮水，生憎江上船。载儿夫婿去，经岁又经年。
> 借问东园柳，枯来得几年？自无枝叶分，莫怨太阳偏。
> 莫作商人妇，金钗当卜钱。朝朝江口望，错认几人船。
> 那年离别日，只道住桐庐。桐庐人不见，今得广州书。
> 昨日胜今日，今年老去年。黄河清有日，白发黑无缘。
> 昨日北风寒，牵船浦里安。潮来打缆断，摇橹始知难。
>
> ——元稹《啰唝曲》

元稹身在异乡，听如此曲从而缅怀到过去，虽然他
的亲人都已和他阴阳两隔，但也总会在夜深人静，孤独
寂寞时想起，他的父亲，母亲，发妻韦丛，妾安仙嫔，
子女，想起那些分别的日子，脑海中再次浮现出韦丛温
柔的脸庞，那几年，她是不是就是这样时时刻刻地盼望
他的归来，载歌载舞，婉约活力，恍惚之间，元稹在
刘采春的身上看到了韦丛的影子。发妻离开时年二十又

七，与刘采春年龄相差无几，青春正胜，那样年轻，那样美艳。

有的人与人之间的相遇就像是流星，瞬间迸发出令人羡慕的火花，却注定只是匆匆而过，就像元稹和刘采春。在观看了刘采春的一次表演后，元稹深陷其中，并且写了一篇声情并茂的评论文章，极尽捧角之能事，夸赞之词跃然纸上，这篇文章拉近了二人之间的距离。刘采春也被元稹的才气折服，对元稹的诗歌仰慕已久，非常崇拜，便与元稹多了往来。

新妆巧样画双蛾，谩里常州透额罗。

正面偷匀光滑笋，缓行轻踏破纹波。

言辞雅措风流足，举止低回秀媚多。

更有恼人肠断处，选词能唱望夫歌。

——元稹《赠刘采春》

刘采春的丈夫周季崇是当时小有名气的戏曲演员，和刘采春同在一个戏班。元稹与刘采春投缘，便不顾道德伦理，给了刘采春的丈夫一笔钱，买断刘采春，纳其为妾，一起共同生活了七年。之前元稹给薛涛写了一封信要接她过来，信中诺言成空，可怜薛涛还在另一头翘首等待，满心期望。元稹写了一首《赠刘采春》诗，用

"言辞雅措风流足，举止低回秀媚多"来形容刘采春，足见刘采春有着沉鱼落雁之容，闭月羞花之貌，风情万种，恬静美好，气质超群。自此，二人朝夕相处，琴瑟和鸣。

虽有佳人相伴，元稹仍不忘造福百姓，白日兢兢业业，恪守本职，要让越州一直是他心目中最美的模样："江东名郡古无双，处处青山照玉缸。会稽天下本无俦，任取苏杭作辈流。"

唐敬宗宝历元年（825），因得知越州水利失修多年，连年干旱、水涝，以致百姓常年收成不佳，元稹一到便与县衙官吏探讨研究对策，于是不日便上奏朝廷拨款拨粮，兴修水利，同时命令所属七州召集壮丁，搭棚，准备筑陂塘所需工具。后经唐敬宗批准，元稹与壮丁开始同进同出，不辞辛劳。

开发农业后，元稹再次将视线转到农民最在意的赋税上。赋税，是农民生活中最大的负担。在赴越途中，元稹就已经注意到浙东地区大多壮丁因进贡海菜而兴师动众。一到越州，元稹便开始明察暗访，经过调查和访问得知，越州百姓每年为朝廷进贡大量的淡菜、海蚶，百姓为此四处奔波，付出大量的劳力和财力，得知百姓疾苦，元稹立即上奏朝廷，祈求圣上免除越州进贡淡菜、海蚶。后经唐敬宗允许，元稹在越州地区革除朝贡淡菜、海蚶惯例，百姓无须再养殖和运送淡菜、海蚶。越州百姓听闻此消息，欣喜若狂，张灯结彩，繁弦急管，欢呼雀跃，颂扬皇恩浩荡，感谢元稹为他们排忧解难。

文宗得知元稹的壮举后十分欣慰，随后下诏："浙东观察使元稹，在越多年，奉忠朝廷，养朕子民，一境称治。就加礼部尚书，特降玺书慰谕，以示旌宠。"在浙东的六年，元稹颇有政绩，继同州后，元稹再次赢得百姓拥戴。

作为一名地方官，元稹能做到这个程度，实属难能可贵，被贬谪心中虽有幽怨却也只是对统治者，心中仍然是爱民惜民的。越州的天越发蔚蓝，空气越发纯净，景色越发美丽，果然如元稹所绘："会稽王谢两风流，王子沉沦谢女愁。明月自随山影去，清风长送白云归。"元稹每到一个地方都尽心尽力为百姓排忧解难，是因为元稹深知民心对一个国家是多么的重要。纵观中国封建王朝的历史，知道"民为重，社稷次之，君为轻"的君主都有卓越的功绩，被誉为明君，像周文王、李世民。民心是大海上的水，"水能载舟，亦能覆舟"，多少皇帝因为丢失了民心而导致王朝灭亡，朝代更替皆因帝王丢失了民心，得民心者得天下，失民心者失天下。秦始皇苛捐杂税、焚书坑儒、大建长城，怎么会不失民心，陈胜吴广怎么会不举兵起义？商纣王好酒淫乐、穷奢极欲、滥杀无辜，怎么会不失民心？周武王怎么会不讨纣灭商？隋炀帝贪图享乐、昏庸无道、听信谗言，怎么会不失民心？李渊怎么会不起兵造反？

解决百姓的问题便是解决国家最基本的问题，民是国之基本，民是国之支柱。而统治、为官之人享受比百姓更安乐、更富足、更悠闲的生活，便要付出更多的智慧，要有为百姓服务的心态。有所知，食之粮源于民，用之物源于民，穿之布源于民，饮水思源，喝水不忘挖井人。元稹的良知时时刻刻提醒着他，只要为百姓解决问题，他们便不会怨声载道，只要百姓对朝廷没有不满，天子的手中就还牢牢地握着民心。纵然民心非食物，眼睛看不见，金钱买不到，心灵也感觉不到，但是对一个王朝的兴衰，却是至关重要的。深知此道理的元稹一直尽心尽力地保护着大唐的民心，殚心竭虑，煞费苦心。

然而没有常开不败的花朵，也没有完美无瑕的人生，有万民皆夸的好官是百姓之福，就有让黎民唾弃的不明之君。

从长庆四年（824）到宝历二年（826）十二月，短短三年时间，大唐三更皇帝，从穆宗到敬宗再到文宗，也许真的是天要让大唐灭亡，大唐的气数已尽，不然也不会三更君主，唐朝依然没有改变衰落的局势。

长庆四年（824）正月二十二日，唐穆宗驾崩，年仅二十九岁，谥号睿圣文惠孝皇帝。在位五年，少忙政事多宴席，屡次出游，贪图享乐，自以为是，认为藩镇已平，应当消兵。不久河朔三镇再次反叛，战事突如其来，将士士气全无，全部缴械投降，投敌叛变，成为俘虏。

李湛在穆宗枢前即位，年仅十六少不更事，有其父必有其子，李湛在位其间，同样骄奢淫逸，不管朝政，沉迷蹴鞠，夜里捉狸，史称"视朝月不再三，大臣罕得进见"。一国之主不做主，反而由宦官把持朝政，任他们胡作非为，扰乱朝纲，以致官府工匠突起暴动攻入朝廷，最后李湛被宦官所杀，谥号睿武昭愍孝皇帝，庙号敬宗。

敬宗驾崩后李昂被宦官拥立为帝，年仅十八岁。在位之初励精求治，重用忠臣李训等人，企图诛灭宦官，可密谋泄露，李训等人被杀，李昂也在"甘露之变"后被软禁。开成五年（840），李昂抑郁而终，享年三十二岁，谥号元圣昭献孝皇帝，庙号文宗。

七年后，元稹升职，只身前行，独留刘采春在越州。几年后，元稹纳裴淑为妾，听闻此事的刘采春心灰意懒，黯然离开了越州。这个城市，有她甜蜜的时光，也见证了她被抛弃的残忍事实，往事不堪回首，走了，散了，愿离去能够掩盖伤痛，愿不见就不想起。

兜兜转转，几年的时间，刘采春在悔恨中度过，自责，愧疚，不堪，幸福的七年是要用不幸的七十年来偿还吗？终日苦盼，泪却空垂，梦里醒来却是悲，无一言以对之。数年后，刘采春与元稹重逢，相对无言，无叙旧，无质问，无眼泪，投河自尽，了却残生。也许是为当年抛弃丈夫的谢罪，也许就等着再见元稹最后一面，虽然不知是否有这一天，冥冥之中却还是可怜了刘采春一次，让她的一个心愿圆满。毕竟曾经爱过，相伴过，一起走过，奋不顾身过。如有遗憾，皆因"多情自古伤离别，杨柳岸，晓风残月"。

第三节　西北边事战功还

连昌宫中满宫竹，岁久无人森似束。又有墙头千叶桃，风动落花红蔌蔌。

宫边老翁为余泣，小年进食曾闪入。上皇正在望仙楼，太真同凭阑干立。

············

今皇神圣丞相明，诏书才下吴蜀平。官军又取淮西贼，此贼亦除天下宁。

年年耕种宫前道，今年不遣子孙耕。老翁此意深望幸，努力庙谋休用兵。

——元稹《连昌宫词》

　　任何一个朝代都是历史悠久、文明古老的，也都有着博大精深、源远流长的文化。每个朝代都值得被纪念，在几千年历史的长河中，每个朝代的存在都是志士用血和生命谱写的正气之歌，如黄河越九曲，长江泻三峡，它激励着每个前线的战士，要捍卫国土的完整，捍卫国土的完整就是捍卫国家的尊严。

家是国的缩小，国是家的扩大，无数个小家拼凑成国家，因为有了幸福的小家，才会有强盛的国家。国是家永恒的支柱，家是国幸福的蔓延，如果国家是破败不堪的，那么家一定是支离破碎的；如果国家是四分五裂的，那么家一定是妻离子散的。万千战士冲向危险的前线，保卫自己的国家不受侵犯，也在保护自己那个温馨的小家。

那个温馨的小家里有生他养他的父母，如今年迈，鬓老色衰，正翘首期盼等待着他的归来，孱弱的母亲日夜跪守在菩萨面前念佛诵经，祈祷他平安，祈祷他们战无不胜攻无不克，祈祷国家再无战争，边境和谐，这样他们便再无生生的分离，家里还有他温柔贤淑的妻子，孝顺父母，对他呵护备至，将家里打理得井井有条，一尘不染。还有他可爱的儿女，乖巧调皮，以后他还要教他功夫，扎马步，练标枪，虎父无犬子，他的孩子一定会像他一样成为一个真正的顶天立地的男子汉，保家卫国。这就是每个大唐子孙的心里所想，志在四方，大公无私。

每个朝代都有着上百年光辉且不朽的悠久历史，为了一个朝代的繁荣昌盛，稳定和谐，有太多的人舍弃生命，有太多的人呕心沥血，有太多的人劳心劳力，多少类似元稹这样的忠臣将自己毕生心血与青春倾注在这片土地上。还有多少战士奋勇杀敌，不顾个人安危，他们相信祖国会东山再起，重上云霄，再创辉煌。流着炎黄子孙的血液的儿女，形象上保留着种族的印记，个人的荣辱与祖国紧密相连。因此，大唐子孙手挽手，心连心，时刻铭记祖国母亲的恩情，永远记住不可一世的隋王朝覆灭的教训，勤奋学习，互相帮助，万众一心为国效力，就无愧于炎黄子孙这个荣誉，无愧于大唐子民这个称呼。

自安史之乱结束，唐朝便形成藩镇割据的局势，到唐宪宗之时，已有一百多年的历史。宪宗登基之前便了解疆域局势，因此即位之后便立即派兵讨伐在成都进行叛乱的始作俑者刘辟和在镇江周围地区进行骚扰的领军人物李琦，随后宪宗更是直接派出节度使，改变地方拥立主帅的旧例。除此之外，宪宗立志削平藩镇，平定淮西。

"有志者，事竟成"，一个人的力量也许渺小，也许散发不出令人惊喜的光芒，但是万众一心，齐心协力的时候，在这个世界上，就没有移不动的山脉，没有打不赢的战役，没有收不回的领土。汇集一处的力量，蓬勃浩大，气势磅礴，一路披荆斩棘，无坚不摧。有明君者，万人扶持，众志成城。

而此时元稹因得罪权贵被贬江陵，虽一直心有山河，但心有余而力不足，闻此消息，大为振奋，大唐的子孙一身傲骨，即使经历了大风大浪，有些不堪一击，也不是一点复兴的希望都没有，毕竟是强盛的朝代之一，哪能轻易被打倒，想唐高祖起兵灭隋，攻无不克战无不胜，开疆扩土，有贞观之治，有开元盛世，血液都是坚韧的。一瞬间，元稹再次对自己的祖国的复兴燃起了希望，也是一闪念，喜悦的泪水和惋惜的轻叹混杂在一起。

在评定淮西的问题上，朝廷重用裴度，裴度是宪宗时期朝廷中力主削除藩镇、平定割据势力的代表人物。裴度坚贞爱国，有卓越的军事才能，唐元和七年（812），他曾以知制诰的身份，成功地安抚河北魏博镇田兴势力，使之归顺朝廷。之后裴度壮志雄心，立志要助宪宗平定淮西。元和十年（815）五月，大唐将士接连讨伐吴元济却并无成效，裴度主动请缨以中丞的身份前往蔡州鼓舞将士，"一鼓作气，再而衰，三而竭"，如果将士没有了士气就如同丢盔弃甲，有再多的兵，再好的军事部署，再优秀的军师，再英勇善战的将士都是没有用的，同时裴度四处走访察看军情，知彼知己方能百战不殆。

回朝后，裴度向宪宗详细地讲述淮西现状，并推荐忠武节度使李光颜为统兵，宪宗听后，喜笑颜开。不久，李光颜在陈州大破吴元济。此举振奋人心，兵卒士气大增。

虽然旗开得胜，但是在平定淮西的问题上，裴度面对的是内外交困，一方面朝廷中许多官员对平定淮西持反对态度，甚至有人提出罢兵。王承宗和李师道二人阳奉阴违，表面支持宪宗和裴度平定淮西，暗中却助吴元济，焚烧军粮，阴谋诡计，破坏军事行动。元和十年（815）五月，和裴度坚决主张讨平淮西的宰相武元衡被平卢节度使李师道派遣刺客刺杀，有人因此向宪宗献计罢免裴度，停止讨伐，所幸宪宗明智，大力反驳："若罢度官，是奸计得行，朝纲何以振举？吾用度一人，足以破此二贼矣！"裴度听到宪宗言语之后更加坚定信心，上奏道："淮西，腹心之疾，不得不除。且朝廷业已讨之，两河藩镇跋扈者，将视此为高下，不可中止。"宪宗采纳了裴度的意见，同时允许裴度招贤纳士，集思广益，尽早解决淮西问题。

另一方面藩镇割据势力也千方百计加以抗拒。心知此事刻不容缓，因此即使是刀山火海，裴度依然全力以赴。元和十一年（816）六月，朝廷军队在蔡州遇伏而败，再次震动朝廷，此事给了许多官员可乘之机，他们再次联合上奏宪宗收兵，停止干戈。宪宗坚决削藩，这样平定淮西才得以继续推行。

九转丹成，水滴石穿，元和十二年（817）十月，唐随邓节度使李愬在宰相裴度支持下，采用归唐大将李祐之计，于雪夜引兵奇袭吴元济总部所在地蔡州城（今河南汝南），擒获吴元济。同年十一月，吴元济被斩于唐都长安，淮西战事告捷。淮西的平定，极大地震慑了山东、河北诸藩镇。

等淮西战事结束，元稹已从江陵到通州，《连昌宫词》是元稹在通州创作的众多诗歌的一首。《连昌宫词》作于元和十三年（818），当时元稹任通州司马。朝廷平定了淮西吴元济的叛乱。元稹生活在这个时代，对宫廷生活颇为了解，他的地位从上到下，大唐由盛转衰，思想感情难免发生变化，于是便创作了《连昌宫词》这首著名的长篇叙事诗。

时光流逝，风吹雨打，连昌宫今昔变迁，从门庭若市到门可罗雀，从花红柳绿到枝条繁乱，从干净有序到破败不堪，一切皆因安史之乱。自安禄山叛军攻破东都洛阳，连昌宫从此荒废，玄宗以后的五位皇帝都不曾来过。当年杨贵妃住的端正楼，如今物是人非，再不见倩影。花落人亡，空旷的土地独留一声叹息。

短短的故事，唏嘘不已，元稹多么希望朝廷努力策划好国家大计，安定社稷，结束内战，不再用兵。这首诗讨论现今朝廷时政，反对藩镇割据，批判宦官误国和玄宗及后续几个皇帝贪图享乐的生活。前代诗评家多推崇这首诗"有监戒规讽之意""有风骨"，陈寅恪在《元白诗笺证稿》一书中评论道："连昌宫词实深受白乐天、陈鸿长恨歌及传之影响，合并融化唐代小说之史才诗笔议论为一体而成。"

天不遂人愿，人不遂天意，宦官专权仍是唐后期政治腐败的重要原因。元和十二年（817），宪宗平定了淮西吴元济的叛乱后便走上迷途，因被宦官扶持登位开始信任宦官。短短三年，元和十五年（820），宪宗被宦官陈弘正杀害。

秋天净绿月分明，何事巴猿不腾鸣。

应是一声肠断去，不容啼到第三声。

——元稹《哭女樊》

元稹于元和十三年（818）岁末转为虢州长史。次年，元稹失去了她的女儿。元稹这个白发人又送走了一个黑发人，中年丧女，心碎了五次，为何要有第六次？如此多的碎片，如何拾起，如何再拼凑完全？心碎不够，又断肠，这个秋天，秋风不仅带走了枯黄的落叶，还有他的余生的每一个春天，今后元稹只能与寒冬为伴。

经历太多的失去，元稹的心有些麻木，风起白幡飘，不知是眼泪还是纸钱燃烧后的灰烬，模糊了双眼，眼前什么也没有，却好像明明有孩子的笑声和哭声，交错，层叠，充满在双耳，充满在这片空旷的土地上，欢乐的笑声，娇声的软语，凄惨的哭声，含泪的双眼，一幅幅画面在眼前模糊地闪现，很快就消失不见了。

"几砚昔年游，于今成十秋"，已逝的过往，烟消云散，柔软的心只剩怀念，曾经美丽的生命如今散落在地上成了一地白花，再不见活泼的人儿轻歌曼舞。苍茫远方隐隐吟唱着生命的离歌，风起花飞，不见洁白的云朵，只留一世的苍白，手心微凉，热泪两行。

逝者何由见，中人未达情。马无生角望，猿有断肠鸣。
去伴投遐徼，来随梦险程。四年巴养育，万里硖回萦。
…………
往绪心千结，新丝鬓百茎。暗窗风报晓，秋幌雨闻更。
败槿萧疏馆，衰杨破坏城。此中临老泪，仍自哭孩婴。

——元稹《哭女樊四十韵》

一首《哭女樊四十韵》怎能涵盖元稹所有的悲伤，一首诗歌又怎能带走他丧女的心痛，那是他的女儿，他的宝贝，他的掌上明珠，他的亲生骨肉，过去的时光如手中的沙，扬出去的是解脱般的碎裂，留下的是沾染了满手岁月的陈杂。襁褓中的孩子长到一个欢脱的孩子，阳光下的背影渐渐拉长，四处奔跑到如今又安然不动，失去了感觉又亏欠了这个孩子太多太多，叫他如何不想念？

　　残忍的时光离去，没有教会元稹何为遗忘，再也没有人能够为他抵挡，为他疗伤，时光只教会了他失望，错过的，无法弥补的怎么释怀？

第四节　仕宦辉煌又遭谗

忆昔岁除夜，见君花烛前。

今宵祝文上，重叠叙新年。

闲处低声哭，空堂背月眠。

伤心小儿女，撩乱火堆边。

——元稹《除夜》

走过生命的逆旅，历经人世沧桑，总会有莫名其妙的不认同、不喜欢，人生苦短，元稹深谙此事。同是一片天空，有时乌云密布，有时阳光普照。同是血肉之躯的人，有阴险奸诈、卑鄙无耻的小人，却也有刚止不阿、光明磊落的君子。同样是眉开眼笑的一张脸庞，有真心实意、发自肺腑的开心，但也有笑里藏刀、卑鄙无耻的狡诈。平凡无奇的人只能服从现实，自我治愈，接受刺骨的寒风，接受冰冷的秋雨，接受狂暴的海浪，固执地坚持，不惜遍体鳞伤。

四十三岁，这个年龄已经不再年轻，尤其是历经太多波折的元稹，能够一如既往地等待、努力、坚持实属难能可贵。二十年的等待，也是他一半的生命。是的，等待，等待仕途辉煌，大展宏图。能够如此坚持，也是因为元稹有一颗乐观向上的心，他相信等待不是浪费生命，而是韬光养晦，是如天籁般绚烂、闪耀的梦之花。

元稹被召回京后，没过多久，被召入翰林，授中书舍人、承旨学士。中官因崔潭峻看重元稹，争相与之交往，而知枢密魏弘简尤与元稹相友善，穆宗越发敬重。而就在这时，河东节度使裴度再三上疏弹劾元稹，奏章中表明元稹与魏弘简结成刎颈之交，图谋扰乱朝政，言辞十分激烈。穆宗顾及朝内外舆论，便罢免元稹朝内职务，授以工部侍郎，此事也是无可奈何，但皇上并没有因此事而减少对元稹的器重，待风平浪静，皇上恩宠未减，长庆二年(822年)，拜元稹为平章事，诏下之日，朝野之人无不轻视嘲笑。

元稹并没有太多在乎他人的眼光，这一刻他等了太久，要好好地享受这种美梦成真的感觉，要抓紧时间为朝廷效力，为皇上尽忠，为百姓谋福，为大唐建功。虽然他付出了时间的代价，但是等待能换取太多太多了，不管是精神上的，还是物质上的。只有付出了努力再加上等待，一定会有好的结果。等待就好比暴风雨，是漫长的，暴风雨过后终会出现美丽无瑕的彩虹，只是时间的打击磨炼的不只是内心，还有意志，只要坚持，终会成就一番事业。

元稹因感念天子破格提拔之恩德，故希望有机会立功以报圣恩。只是元稹没有想到，当世间有了"命中注定"这四个字，一切的美好都那么短暂，他的命运还是多舛的，他仕途的辉煌还是短暂的，想要陷害他的人还是存在的。

元稹为解救朝廷重臣牛元翼而答应于方联合反叛，却不想此时被李赏得知，此人阴险狡诈，利用裴度对元稹的怨恨和间隙，向裴度密报诬陷元稹勾结反叛刺杀裴度以谋取宰相之位，因此元稹出任同州刺史，不仅如此，皇上听信谗言，复又罢免元稹长春宫使这个职位。

唐穆宗长庆二年（822），元稹出任同州刺史。同州，同样是一个历史悠久的城市，与中华大地共同成长，三千年的岁月，上演着一幕幕多情的故事，从韩信大战魏王到马超箭伤曹操，惨烈悲壮，荡气回肠。可歌可泣、可悲可叹的民间传说也在不断更新，结草衔环，神医赐药，八仙女挖井，敲击着人们脆弱的心灵，每每传唱，催人泪下。

《除夜》这首诗当为元和四年（809）岁末，元稹妻子去世不足半载之际，元稹所作。对比是种伤害，想念是种折磨，当伤害和折磨同时降临在元稹的身上，那么也只能见草草枯，见花花败，见往事往事伤悲。除夕，一年之中最热闹的日子，爆竹声中辞旧岁，合家团圆乐开怀，欢声笑语满温馨，展望新年诉衷肠。可就是这样一个灯火辉煌，瑞雪映照的夜晚，元稹只能孤独地在屋子里静坐，今年不比去年，如果早知今年的寂寞，宁愿时光永远停留在去年的新年，抑或是三年前的新年，去年的新年有妻子，三年前的新年有妻子，还有母亲，如今什么都没有了，这样的凄凉，不像一个家。

　　时光流逝，只有轮回的四季，没有轮回的人生，如水流淌过的岁月，总是让元稹无言以对，去年的新年，暖暖的烛光照亮屋子，温馨，其乐融融，满桌的饭菜令人垂涎三尺，听着祝福鼓励的话语，满心滚烫，孩子们在打打闹闹，处处喜悦处处笑声，而今年只有残羹，不懂事的儿女在哭闹，背对着苍白的月光侧卧而眠，听着爆竹声，想象着别人的热闹，都与他无关。此时孤独，最想追寻，哪怕苦，哪怕累，可是他们已经隐匿得无影无踪，不能再纠结过去，只能继续坚持自己的坚持，执着自己的执着，可是一次次的玩笑，多次让元稹胡思乱想，自己所谓的梦想，是不是只是一场年少的执着，一场朦胧岁月里的镜花？当然不是，那种和百姓甘苦与共的感觉如此真实，怎会是镜中花，水中月？

元稹谪居同州，仍然不忘尽自己所能，解决百姓的民生问题。经过走访和调查，元稹了解到同州百姓此时最大的两个问题是税收和田地。元稹率先研究税收，从同州县衙了解到同州七县的税额，并通过查阅相应的历史记录，得知税额的数字是在唐德宗贞元四年（788）规定，至唐穆宗长庆三年（823）已有三十六年没有更改。如今，百姓的户口、田地等均有变化，牵一发而动全身，税额理应改变，尤其自然灾害不断降临，田地遭遇洪水的侵蚀，耕地也有被淹没，田地使用率下降，收成减少，还有许多百姓已从同州迁徙别处，田地历年无人管理，早已荒废，极大地加重了留守百姓的负担，因此同州七县急需改革重新分配土地，为此元稹与官吏商量对策，同时上奏唐穆宗，双管齐下。

当州自于七县田地数内，均配两税元额顷亩，
便请分给诸色职田、州使田、官田与百姓，
其草、粟、脚钱等，便请于万户上军率。
⋯⋯⋯⋯⋯

——元稹《同州奏均田状》

元稹这个《同州奏均田状》针对当地的情况，提出了行之有效的措施。首先民众自行申报原有和现有田地亩数，并明白告知这是为了平衡赋税负担，故所报大体真实。其次，根据申报的亩数，减除逃户荒地及河浸、沙掩等地，定出现存田亩；最后，取两税原额地数，统计七县土地肥瘠，无论贫户富户，一律按亩数和土地等级计算征税。元稹的这种做法，对平衡税收负担、稳定税收来源起了积极的作用，收到了很好的效果。史学家范文澜在他的《中国通史简编》中对此给予了很高的评价。

吾闻上帝心，降命明且仁。臣稹苟有罪，胡不灾我身。
胡为旱一州，祸此千万人。一旱犹可忍，其旱亦已频。
…………
自顾顽滞牧，坐贻灾沴臻。上羞朝廷寄，下愧闾里民。
岂无神明宰，为我同苦辛。共布慈惠语，慰此衢客尘。

——元稹《旱灾自咎，贻七县宰同州时》

天有不测风云，人有旦夕祸福。元稹在任同州刺史期间，同州发生大旱，灾情严重，曾经融合在一起的大地似乎被撕裂一般，一片片，一块块，触目惊心，不堪入目。元稹的心也跟着被上帝撕碎，痛得溢于言表。

元稹同情百姓的遭遇，与他们一起度过每一个难忘的日子，甚至还祈祷说自己也是一个罪人，为何要降临苦难于这些手无寸铁、可怜无助的百姓？灾害如此严重，田地颗粒无收，叫百姓如何生存？

素问英明仁爱的上帝，怎么如此残忍？今日大旱，百姓流离失所，千万百姓失去生命，你是万民之父，你的心不会痛吗？苛捐杂税侵蚀着百姓，你为何又雪上加霜？元稹满心怨恨，但又无可奈何，只得站高台，虔诚祈祷，愿六月降雨，解百姓之愁，救百姓之命。

到了这个年龄，元稹早已看透他的命运，他的仕途，他的家庭，他的人生，他不再去幻想圆圆满满的生活，也不再去幻想安然享受今后的每一个春天，人生已经注定是沟沟坎坎，那就尽情地品尝苦涩和无奈，即使如此，这个世界上仍然有让他满足的事情，仍然有让他继续活下去的理由，只要心中的信念还没有萎缩，只要自己心中的季节没有寒冬，即使风凄苦雨又能奈他何？

权力是暂时的，金钱是身后的，一直左右他的只有自己的良心，仰无愧于天，俯不怍于地，平无愧于心。生前竭尽全力，死后都留下为祖国、民族建立不朽功勋的美名。虽然不能去前线，保家卫国，但尽忠的方式也不只有一种，只要付诸行动，他的爱国激情就可以挥洒到他走过的每一个地方。也许没有大功告成的那一天，但是踌躇满志却可以延续到他生命的最后一刻，因此，即使到了生命的最后一刻，他也可以用尽最后一丝力气发出愉快的欢呼声，元稹也相信，那时，自己的灵魂就会变得轻起来。

岁月是贼，偷走元稹太多：健康的体魄，挚爱的亲人，乌黑的发丝，幸福的生活。人有悲欢离合，月有阴晴圆缺，只要抒发过报国有心请缨无路、报国有志志不伸的悲愤，不问是否有人听见、看见，或真正了解，他的生命里有一个乐天已是上天对他的眷顾，生而为人，知足常乐。

今朝西渡丹河水，心寄丹河无限愁。

共到庄前竹园下，殷勤围绕故山流。

——元稹《西归渡丹河》

一首短诗，二十八字，清而不淡，秀而不媚，柔和隽永，色调和谐，成功地显示了这首绝句所特有的一种清丽之美。这桃花，开在山上，也开在诗人元稹的心田，将元稹对大好河山以及自己对祖国深沉的爱表现得淋漓尽致。伟大高尚的元稹，即使自己被陷害、被污蔑、被贬谪，仍然心系祖国，没有一点儿的埋怨。无论走到哪里，都是一片赤诚，走在自己热爱的这片土地上，是元稹心中最大的骄傲。自古以来，人终不免一死，但"死有重于泰山，或轻于鸿毛"，倘若能为国尽忠，死后仍可光照千秋，青史留名。元稹就抱着这样的信念，默默无闻，付出奉献，从一而终，无怨无悔。

第八章

终是沉浮人世间

第一节　一朝拜相抱负展

牛咄咄，田确确，旱块敲牛蹄趵趵。

种得官仓珠颗谷，六十年来兵簇簇。

月月食粮车辘辘，一日官军收海服。

驱牛驾车食牛肉，归来收得牛两角。

重铸锄犁作斤劚，姑舂妇担去输官。

输官不足归卖屋，愿官早胜仇早覆。

农死有儿牛有犊，誓不遣官军粮不足。

——元稹《田家词》

生活像一本书，不知厚度，不知内容，翻过一页就会有新的感悟，未经翻阅的永远像谜一样引着人去探索，去追寻。这本书能翻到哪页，没有人知晓，永远带着迷雾般的苍茫。这样的一本书，充满幻想，充满惊喜，充满奇迹，但也充满悲伤，充满震撼，充满绝望。一本书，也仅是一本书，人被它左右，却也能左右它，心中有爱，人间即天堂，心中有阳光，下雨天也是一种浪漫，怀抱希望，生活处处有生机。

人生不同生活，生活像一本书，人生却像大海，不会永远风平浪静，也不会永远波涛汹涌，既然是人生，充满神奇和期待的人生，便是跌宕起伏，回味无穷，有落魄时的辛酸，也有发达时的荣耀，悲喜交加，爱恨参半。元稹的仕途，官微时是秘书省校书郎，昌隆时是德高望重的宰相。

宰相，自秦以来一直是中央政府最高的行政长官，辅佐帝王，掌管国事，总揽政务，一人之下，万人之上。宰相是每一个有仕途理想的人的梦想，是做官的最高峰，简单的两个字，却有着巨大的魔力，它有一双翻云覆雨的手，有一股天翻地覆的力量。得此位之贤相，喜笑颜开，也必忧国忧民，清正廉洁，高风亮节，光明磊落。

《田家词》创作于元和十二年（817），安史之乱后，前线战事不断，兵卒粮食全由百姓纳税而得，战事不停，最受苦的是百姓，终年劳作却无所得，日出而作，日落而息，夏日里多少次汗流浃背，多少次筋疲力尽，即使这样辛苦，百姓依然"力尽不知热，但惜夏日长""可怜身上衣正单，心忧炭贱愿天寒"，看似矛盾的心理，如果切身体会便是有理可循。农民痛苦的心声，带着血泪的控诉无人闻，无人解，更无人救。即使五谷丰登，还是食不饱，穿不暖，那沉重的赋税让百姓如何承受？伤天害理的战争，夺取了他们安乐的生活，无穷无尽，这样的生活日复一日，年复一年，还有何勇气继续下去？

长庆二年（822），元稹迁为宰相。

关于元稹拜相的原因，有人说是因为元稹勾结宦官，无风不起浪，有果必有因，但事实并非如此。

《旧唐书·裴度传》记载："时翰林学士元稹，交结内官，求为宰相。"《新唐书·元稹传》记述文字为："（元稹）附宦贵得宰相，居位才三月罢。"这两段记载都言元稹勾结宦官才成为宰相，但事情并非如此。

《旧唐书》卷一百六十六《元稹传》里有这么一段记述："唐穆宗皇帝在东宫，有妃嫔左右尝诵稹歌诗以为乐曲者，知稹所为，尝称其善，宫中呼为元才子。荆南监军崔潭峻甚礼接稹，不以掾吏遇之，常征其诗什讽诵之。长庆初，潭峻归朝，出稹《连昌宫词》等百余篇奏御。穆宗大悦，问稹安在。对曰："今为南宫散郎。'即日转祠部郎中、知制诰。朝廷以书命不由相府，甚鄙之。然辞诰所出，夐然与古为侔，遂盛传于代，由是极承恩顾。"

元稹少年成才，诗歌家喻户晓，朝廷宦官崔潭峻也喜爱诗歌，对元稹的诗歌也是耳熟能详，但却一直没有机会结交。元稹一心为国，对于宦官一直厌恶，因此对于崔潭峻的几次示好并无回应。崔潭峻回朝后将元稹所作诗歌上奏穆宗，穆宗对元稹的诗歌十分欣赏，于是传召。

《旧唐书》卷中记载元稹的自叙："穆宗初，宰相更相用事，丞相段公一日独得对，因请亟用兵部郎中薛存庆、考功员外郎牛僧孺，予亦在请中，上然之。不十数日次用为给、舍，他忿恨者日夜构飞语，予惧罪，比上书自明。上怜之，三召与语。语及兵赋洎西北边事，因命经纪之。是后书奏及进见，皆言天下事，外间不知，多臆度。陛下益怜其不漏禁中语，召入禁林，且欲亟用为宰相。"

如真如流传一般，元稹当真晚节不保，勾结宦官，又怎会只做三月宰相，被贬武昌，用其人必先知其人，穆宗在任命元稹宰相之前早已对元稹了如指掌，他"先天下之忧而忧，后天下之乐而乐"，知晓元稹是着实为国家兴亡，江山社稷考虑，是忠臣也，无不被重用之理也。

除此原因，穆宗能够被立为太子，元稹在里面也起了一定的作用。自古长幼有序，唐宪宗登基后应该立嫡长子李宁为太子，但是不想在立李宁为太子后，李宁恃宠而骄，花天酒地，沉湎于酒色之中，把学业、修身齐家治国平天下等教诲完全抛之于脑后，此时元稹曾向唐宪宗上奏："三代之君，仁且久者，教之然也。"并对太子提出六点要求："目不得阅淫艳妖诱之色，耳不得闻优笑凌乱之音，口不得习操断击博之书，居不得近容顺阴邪之党，游不得纵追禽逐兽之乐，玩不得有遐异僻绝之珍。"

但当时唐宪宗却不以为意，直到李宁因贪杯留恋女色而早逝，这才引发唐宪宗的思考，回想起元稹曾上过的奏章，后思索再三决定弃同李宁一样骄奢淫逸的李忱，立勤奋稳实的李恒为太子。因此，穆宗能被封太子，追根溯源，在一定程度上是得利于元稹的奏章，穆宗重用元稹也因他知无不言言无不尽，"出淤泥而不染"，能做到"举世皆浊我独清，众人皆醉我独醒"，这是穆宗除诗歌外最欣赏元稹的一面。深明大义的李恒深知国家昌盛需要元稹这样的栋梁之材，重用之，则国运昌隆。"良药苦口利于病，忠言逆耳利于行"，成大事者，不拘小节，终力排众议，提拔元稹为相。

在唐王朝与地方军阀的斗争中，元稹积极平息叛乱。但梦想的翅膀总是很丰满，以为能够飞得很高很远，但是现实的翅膀却很骨感，不忍直视，快乐很短暂，忧伤却总是绵延不绝。以为是苦尽甘来，不想甘甜只是暂时的慰藉，元稹的持之以恒，坚持不懈，只换来了三个月的抱负施展。

高潮过后总要面对平静的落幕，但是手心里还会残留着当时的美好，梦想是人前进的动力和生活的支柱，只要手上一直有一束名为持之以恒的花，梦想的烛光总会有点亮的一天，照亮你走过的每一个地方，照亮你要前行的小径，但是烛光也总有燃尽的时候，也许一天，也许一月，也许一年，也许十年。在仕途这条漫长的道路上，元稹并不是十分幸运，他的蜡烛总是很短，总是不能燃烧很长时间，他的蜡烛散发的光芒也不总是很明亮，那样微弱，就像他的仕途，一片苍茫。无论如何，不能对梦想失望，依然要相信梦想的美好，只要曾经拥有，不必天长地久，纵然昙花一现，也是最绚烂的绽放。

但元稹官至宰相，也算是光宗耀祖，至少祖先没有坐此高位者，既已尽力，无须深究，元稹的所作所为无愧于大唐子民，无愧于天，无愧于地，无愧于自己，更无愧于元家的列祖列宗，这一点，对元家的祖先是孝，也是顺。因为无愧于心，所以元稹的人生才如此坎坷不断，步步荆棘。

第二节　数度贬谪至武昌

岳阳楼上日衔窗，影到深潭赤玉幢。

怅望残春万般意，满棋湖水入西江。

——元稹《岳阳楼》

人生的路是漫长的，也是难熬的，跌宕起伏，连绵不绝。一个人要流多少泪，才能永久封锁泪腺的闸门；一个人要喝多少酒，才能千杯不醉；一个人要经受多少打击，才能找到开启幸福生活的钥匙；一个刚直不阿的官员，要蒙受多少冤屈才能平步青云；一个对朝廷忠心耿耿的人才，要被贬谪多少次才能停止对他内心的折磨。

元稹的官途，充斥着冤屈和贬谪。人的心是肉做的，人的血液是滚烫的，人的眼泪是温热的，人的身躯是脆弱的，经不起太多的打击和折磨，岁月的长河可以经久不息，但是人的呼吸却不能一直起伏。

呼吸有起伏，何况风雨飘摇的中唐朝廷。一代一代，努力坚持续写着历史，唐敬宗宝历二年（826）十二月八日，唐敬宗李湛打猎结束与官员回宫继续推杯换盏，把酒言欢，酒足饭饱，回寝更衣，大殿灯忽灭，一阵血雨腥风、刀光剑影后，唐敬宗遇害。唐文宗大和三年（829）九月，文宗李昂继位，下诏元稹回京，入朝为尚书左丞，主管整治官吏的事务。元稹一心为国，再度回朝的他，"在其位，谋其政"，曾经低落无精打采的元稹顿时意气风发，整顿朝廷不法之事，坚决果断，雷厉风行。

满眼伤心冬景和，一山红树寺边多。

仲宣无限思乡泪，漳水东流碧水波。

——元稹《远望》

但自私自利的宦官却还在兴风作浪，与元稹作对。元稹上任不久，宰相王播便驾鹤西去，事与愿违，由奸诈小人李宗闵当权。冤家路窄，阴魂不散，元稹曾因考试事件与李宗闵有间隙，一见元稹，往事顿时浮上心头，李宗闵笑里藏刀，立志给元稹好看，随之联合宦官排挤诬陷元稹。文宗即位不久，对朝廷之事仅知一二，一时糊涂，听信谗言，将元稹贬为武昌节度使。

《远望》便是此时所作，冬日美景已无心欣赏，路上红树呈现眼前只觉触目惊心，伤心的泪珠接连落下，放大悲伤，放大哀愁，放大红树，来此寺庙，登上高处，却无欢喜，贬谪和思念家乡的眼泪像漳水一样向东流淌，一去不回。

大和四年（830）正月，元稹被迫出为检校户部尚书，兼鄂州刺史、御史大夫、武昌军节度使。四次贬谪，做官不愈月，元稹心中自是无可奈何，愤懑难平，但心情已较前几次平静许多，不日便与裴淑同往武昌。

人生漂浮不定，有过经历心里便少些起伏，此时的元稹早已不是第一次被贬谪的元稹，这个年龄的元稹收获太多，积累太多，好的坏的，已都收下。心里也开朗许多，知天命的年纪更能自我治愈。他不是一个孩子，而是一个饱经沧桑的成人，除了惋惜再无其他，宦官不除，陷害不止，生不逢时，不遇明君，能奈他何？

腊月进，正月出，一月朝夕，地覆天翻，长安城墙，满载元稹幽怨，白雪飞扬，北风萧萧，天地一片苍茫，随之心亦凉透，只是不想，此次远行，再无归期。客死他乡，落叶归根，已经冤屈，再无辩白之时。如果知道，定要停下车马，屹立在长安城门下，久久停留，不停徘徊，用满是褶皱的双手抚摸陈旧的城墙，把自己的辛酸说出来，把自己对它的热爱道清楚，把自己的悲哀诉个彻底。也许会拍打着坚硬的城门，也许会跪在"长安"二字下面，也许会以血表忠诚，让触目惊心，鲜红的血液来使文宗清醒，肃清朝廷宦官，重用贤臣，怒不可遏地大声指责："老祖宗打下的基业不能就此消亡，如此花天酒地，昏庸无能，大唐的大好河山早晚会败在尔等手上，还有何脸面去见列祖列宗？"

但是幻想终究是幻想，一切尘埃落定，万事都无力回天，寒风四起，脸红耳赤，再多的眷恋都不能停下马车的脚步，再多的恋恋不舍，长安还是会消失在他的眼前，既然深爱，便留在心中，只要他还在，它就在。

长安，这座古老的城市，经过时间的洗礼，一瓦一墙都赋予了人的各种情感，喜怒哀乐，悲欢离合，金榜题名的喜悦，名落孙山的抑郁，大展宏图的豪迈，壮志难酬的悲哀，那滚滚车轮经过留下的车辙印，那马蹄纷飞扬起的尘土，迷失的不只是行人的双目，还有那满载希望的未来，"山河破碎风飘絮"，仕途浮沉雨打萍，命该如此，又有什么办法。

时过境迁，今非昔比，物是人非事事休，此时的元稹已经不同往日，何处做官都是官，是官均可为民谋福，心若豁达，四通八达，处处宽阔。

一路跋山涉水，沿途风景尽收眼底，元稹的心依旧面朝着阳光最充足的地方，那是有爱、有发展的地方，虽然内心依旧充满愁苦，但元稹已经开始为在新的地方任职而未雨绸缪。

　　武昌，一座充满灵气的城市，北至余家头罗家港与青山区毗邻，东、南与洪山区洪山乡、青菱乡交错接壤，西傍长江，"山不在高，有仙则灵；水不在深，有龙则灵"，在岁月的长河中，从西周到中唐，也是历久弥新，一路风雨，美景相伴。元稹于此地结束自己坎坷的一生，也是对他诗意的生命一个最好的了结，苦苦一生，转瞬即逝，坚持不懈，不忘初心。武昌不是长安，武昌是一片净土，没有钩心斗角，没有尔虞我诈，也没有栽赃陷害，人静心静，武昌的天空比长安的蔚蓝，蓝得纯净，没有烟雾，没有乌云，更没有污染，一颗纯净的心，即使是流浪，也该在这一片纯净的天空下。

　　元稹到任武昌节度使，奏请窦巩为副使，二人相识多年，交情颇深。有才华却不得重任，有忠心却屡次被贬，屡有归隐山林的想法，但为了百姓，两鬓斑白依然虔诚为民，力所能及，亲力亲为。在武昌修水利以发展农业，均贫富以定税籍，改善百姓居住环境，

洞庭弥漫接天回，一点君山似揸杯。

暝色已笼秋竹树，夕阳犹带旧楼台。

…………

自叹生涯看转烛，更悲商旅哭沉财。

樯乌斗折头仓掉，水狗斜倾尾缆开。

在昔讵惭横海志，此时甘乏济川才。

历阳旧事曾为鳖，鲧穴相传有化能。

闭目唯愁满空电，冥心真类不然灰。

那知否极休征至，渐觉宵分曙气催。

怪族潜收湖黯湛，幽妖尽走日崔嵬。

紫衣将校临船问，白马君侯傍柳来。

唤上驿亭还酩酊，两行红袖拂樽罍。

——元稹《遭风二十韵》

天有不测风云，人有旦夕祸福。当天灾降临，才发现原来人力是那么渺小，那么微不足道，那么不堪一击。大和五年（831）七月，岳州暴发山洪，大水所到之处全部淹没，良田房屋损毁无数，船只沉没，尸体漂浮，百姓流离失所，伤亡极多，哭天喊地的悲痛声音回绕在岳州的城市上空。祭奠亡魂，袅袅炊烟不断飘向天空，苍白掩盖蔚蓝。元稹立即上奏朝廷，请求开仓放粮，免除赋税，并亲自巡视灾区，查看灾情。看到灾民食不果腹，衣不蔽体，元稹心急如焚。《遭风二十韵》

便于此时创作。届时，与百姓同甘共苦，不顾泥巴裹满裤腿，不顾汗水湿透衣背，步步艰难却也顽强到底，年过半百依然一腔热血，因为那是为了百姓的安全，为了孩子的生命，日出而作，日落而息，直至筋疲力尽，誓与百姓风雨同舟，不离不弃。继通州之后，元稹再次赢得百姓爱戴。

去年湖水满，此地覆行舟。

万怪吹高浪，千人死乱流。

谁能问帝子，何事宠阳侯。

渐恐鲸鲵大，波涛及九州。

——元稹《鹿角镇》

"人有悲欢离合，月有阴晴圆缺，此事古难全"，一次大水，百姓凄苦，妻离子散，家破人亡，眼见百姓恸哭，一幅幅悲惨的画面刻在元稹的脑海里，白日与百姓辛勤劳作，夜里辗转反侧，夜不能寐，总是能想到那些逝去的人，绝望的哭喊还言犹在耳，元稹心中陷入深深的自责，明是不可抗拒的自然灾害，却执着地认为是自己没有尽心尽力，大水摧残的不只是百姓的肉体，还有精神，二者都经受打击和折磨。生命如此脆弱，哪能如此残忍？

凤有高梧鹤有松，偶来江外寄行踪。

花枝满院空啼鸟，尘榻无人忆卧龙。

心想夜闲唯足梦，眼看春尽不相逢。

何时最是思君处？月入斜窗晓寺钟。

——元稹《鄂州寓馆严涧宅》

虽远离长安，仍心系帝都。元稹无时无刻不思念着长安，分分秒秒关心着朝廷的大事，还抱着希望能够再回朝廷，为国效力。"天下兴亡，匹夫有责"，眼见唐文宗听信谗言，重用宦官，元稹远在他乡，也无能为力，是急切，是悲叹，是绝望，背对夕阳，吾如此爱国之心，为何君视而不见？事到如今，不恨，不怨，人生，就是疾苦连连不断地出现。

本想趁闲暇时间在武昌四处游玩，缓解惆怅，不想来到此地让自己愁上加愁。

岳阳楼，一座充满故事的阁楼。古往今来，多少文人墨客，仕途不顺的官员至此畅游，排遣幽怨，触景生情，诗咏岳阳楼，将自己抑郁不得志的心情抛掷到优美的景色之中。岳阳楼的景色是优美的，李太白观景，"雁引愁心去，山衔好月来"；岳阳楼的景色是壮观的，孟浩然言"气蒸云梦泽，波撼岳阳城"；岳阳楼的景色是震撼人心的。而元稹的这首《岳阳楼》却与其他诗歌不同，诗人没有描写岳阳楼的雄伟壮阔，也没有正面描写岳阳楼的震撼美景，而是侧面烘托，写岳阳楼倒映在水面上的影子，通过描写倒影来衬托岳阳楼，波光粼粼的水面模糊了过往来人的视线，那种迷茫好似云雾，看不清，看不透，就像他的前途一样迷茫，让他一个凡人身处仙境，不知所措。

重游岳阳楼，只更忧愁，旧时旧景，新时新景，这一次，他不会再奉诏回长安了，往时不同今日，一波四折，身心疲惫，风华也不再，"天长地久有时尽"，不知还要经过多少的曲折才能安然度过余生。

这世界到底有多少未知的事物，这世界又有多少是叫以相信的，真心一片是否能换得自己一直以来追求的？有人相信，走到了山顶，有人相信，走到一半又下坠回到山底。时至今日，元稹还是愿意相信，乐观的人才能迎来快乐的笑脸，悲观的人只能不停地储存悲伤，继续坚持自己相信的，屹立不倒，前方就是清晰的，但人生并没有那么多的机会和时间，这一次，皇天没有给予元稹机会，辜负了他的畅想。

第三节　他生缘会此生休

故乡千里梦，往事万重悲。

小雪沉阴夜，闲窗老病时。

独闻归去雁，偏咏别来诗。

惭愧红妆女，频惊两鬓丝。

——元稹《雪天》

　　生命的存在是一段不朽的传奇，传唱着自己短短几十载的喜怒哀乐，悲欢离合。生命是烟花，会迅速地上升，给人以最美好的期待，也有最绚烂的瞬间，绽放出最美的模样，吸引着每个人的目光，最后也"无可奈何花落去"，只留下短暂的痕迹，给人以想象，风一吹，无人知晓停留何处。只留下黄土一抔，墓碑一座，过往的一切随风飘逝。爱与恨的千古情愁也无须牵挂，那些故事一代一代，在民间传颂，所有荡气回肠的缠绵，继续在耳语诉说。

大和五年（831），元稹暴死在武昌军节度使任上，终年五十三岁。赤裸裸地来到这人间，转眼又赤裸裸地回去，五十三载，日月如梭。关于元稹的死因有两种传言，一为服了丹药中毒身亡，二为恶疾缠身病入膏肓。人已去，缘来由去何必过多纠结。

死亡突如其来，如果可以，元稹一定希望回到长安，不管它是繁华的，还是破败的；是四季如春的，还是冰冻三尺的；是风景如画的，还是不堪入目的。长安，永远是元稹的故乡，也是元稹唯一想要守护的都城。长安，这座经历了大风大浪的城市，生他养他的地方，喝着长安河中的水长大，玩着长安城的泥土长大，看着长安城的风景长大，这样刻骨铭心的城市怎能不爱？怎能不护？怎能不念？

想这匆匆五十三年，元稹经历了人间多少撕心裂肺的痛苦，家中接连丧妻，从韦丛到安仙嫔，仕途中蒙受冤屈，多次被贬，他亲爱的故乡，五十三年，在长安驻守的时间不过十几年，多数时间都在漂泊，都在流浪。斑驳的岁月，怎能如此残忍，生时回不去他日思夜想的故乡，死去还是不能重返生他养他的长安。

人是大树，可以走过几十个轮回，可以在历经风雨交加、电闪雷鸣的日子后仍然屹立不倒。儿时，人是幼稚嫩绿的小树苗，娇小而挺立，静默而惹人怜爱。少年时最为坚强，顶天立地，寄托着期望和梦想，美好和青春，后来，它可以直视邪恶与卑鄙，在风中渐渐苍老，看过了春的生机，夏的繁盛，秋的黄叶，终于走到了布满皑皑白雪上的冬季，雪花白了青丝，掉了茎叶。眼不见，树已年迈，岁月走过的痕迹早已在时光的摧残中落成了伤疤。"花无重开日，人无再少年"，没有了繁茂的枝叶，也没有了坚硬的身躯，冬已至，身心也破败，枯枝无叶，孤独地在风中摇曳，在暖春来临之前消亡，告别这五彩缤纷的世界。

流水匆匆，来去无痕，就这样结束生命，元稹心有不甘，但要结束的又怎能阻拦？有时候记忆和残存的念想会倚在岁月的眉弯，不会经常泛滥，而人总是会在弥留之际回想，忏悔，回想这一生，忏悔这一生，认识的人，经历的事，丝丝缕缕，忽闪忽现。

一朝天子一朝臣，元稹短短的五十三年的人生，经历了七代君主，不谙世事时的唐代宗李豫，考取功名时的唐德宗李适，到李诵，再到初入官场时的唐宪宗李纯，后来在升迁和被贬中辗转的唐穆宗李恒，唐敬宗李湛，唐文宗李昂，无论是哪一代君主，都没能让他施展抱负，都没能让他深爱的大唐回到曾经的辉煌。风雨飘摇的时代，有力挽狂澜，励精图治，也有花天酒地，骄奢淫逸，尽情享乐，注定倾倒的命运，难再兴起。这是元稹一生的悲哀，是历代帝王的悲哀，也是唐朝注定的悲哀。

元稹的一生，也是充满悲哀、充满遗憾的一生，仕途上有，感情上也有。从管儿到韦丛，从安仙嫔到薛涛，从刘采春到裴淑，六个女人，六份情债。抛弃了管儿，悔恨了一生，年少无知的自己，一个错误的决定，用一生去忏悔，一失足成千古恨，三十年光阴，苦与悲，甘心承受，她好就好。

辜负了韦丛，惦念了一生，夫妻七年，留恋余生，一生挚爱，至死难忘。那些苦水里共同走过的日子，一幕幕，在心里，挥之不去的艰难，她的孤魂在咸阳静默地等待，悲伤地哭泣，月老牵好的红线，缘生缘灭，夫妻同冢。今生还不了的，来生还可以再续前缘。

安仙嫔、薛涛、刘采春、裴淑，都是他的红颜知己，是元稹的过往，是他的债主。有开始不能有结局，辜负了就是辜负了，是元稹欠下的情债，是他终身要去忏悔和偿还的。

乐天，他唯一的挚友，懂他，和他心意相通的人，许久未见，不知君是否安好，恍如一梦，当年在洛阳，尘土飞扬，思念成灾，曾是恰同学少年，如今两地分离，书信往来也难解相思，殊不知那日一别是永别，如知，当多相聚，定不惜千里奔波，多畅聊，纾解心中苦闷，发泄贬谪之郁。

如果还有一个隐藏在心底的遗憾便是没有奋勇杀敌，去战场厮杀，那是每一个男儿都曾有过的热血梦想，但却今生无缘，让那些敌寇看见，大唐的男儿不怕流血不怕死，大唐的余威不该不再。如果有下辈子，定要赤膊上阵，哪怕四面楚歌，哪怕破釜沉舟，哪怕白骨露野，战士，马革裹尸是荣耀，不要在这尔虞我诈中纠缠不清。

生命中的过客那么多，深刻的去回忆，淡薄的只在眼前转瞬即逝，人间一趟，爱恨情愁，喜怒哀乐，都已深有体会。子曰："吾十有五而志于学，三十而立，四十而不惑，五十而知天命，六十而耳顺，七十而从心所欲，不逾矩。"十午风雨一新知，元稹是多么想走到花甲、古稀、耄耋之岁，既然命已至此，他也顺其自然，红颜已老，身已是残躯，纵然是太弱小的动物，疾病缠身的他都斗不过，更何况是战无不胜的命运？只是对那些关心爱护他的人感到抱歉，他的离去将带给他们悲伤，流泪和孤独。

噩耗传至洛阳，白居易痛不欲生，顿时感觉被悲伤笼罩，被哀悼围住，如烟笼寒水月笼沙般几乎窒息。人至此年，已经不起噩耗的打击，一辈子的好友去世了，不能为他送行，不能见到他最后一面，连消息都是隔日才知，一切晚矣，只得作篇祭文以此悼念："呜呼微之！始以诗交，终以诗诀，弦笔两绝，其今日乎？呜呼微之！三界之间，谁不生死，四海之内，谁无交朋？然以我尔之身，为终天之别，既往者已矣，未死者如何？……与公缘会，岂是偶然？多生以来，几离几合，既有今别，宁无后期？公虽不归，我应继往，安有形去而影在，皮亡而毛存者乎？"

> 夜来携手梦同游，晨起盈巾泪莫收。
> 漳浦老身三度病，咸阳草树八回秋。
> 君埋泉下泥销骨，我寄人间雪满头。
> 阿卫韩郎相次去，夜台茫昧得知不。
>
> ——白居易《梦微之》

《梦微之》创作于元稹去世之后的第九年，怎就如此之快，转眼就天人永隔，醒时不能见，只好梦里重逢，和你携手同游，想当年一起畅谈天下之事，黎民苍生。难得知己，怎忍心留一人在这人间漂浮？漂浮在无法预见的宦海风波，漂浮在这污浊的官场之上，看那魑魅小人，假义君子兴风作浪，为所欲为。老泪纵横，也无心擦拭。已是风烛残年，又有何不可？以后，一直到死，白居易都怀念着元稹，日里念着，夜里梦着，两个人走过的旧时光，时时浮现。

时光蹉跎了芳华，波涛万丈的人生不断起伏，悲伤喜悦层层交叠，地下可知，儿子女婿也相继离开，黄泉渺茫，愿能和他们相见，生前没有弥补的遗憾，在阴间团圆。元稹的雪天也将不复存在，不会远走他乡，回家成梦，饮下孟婆汤，忘掉前世悲，新生的人会重新拥有健康的体魄，无病缠身，不长白发。

白居易"一恸之后，万感交怀"，再想起元稹的那两首诗，更是睹物思人，悲痛万分。后元稹的灵柩运到洛阳，白居易亲自到灵前祭奠，随祭文作哀词二首。

八月凉风吹白幕，寝门廊下哭微之。

妻孥亲友来相吊，唯道皇天无所知。

文章卓荦生无敌，风骨精灵殁有神。

哭送咸阳北原上，可能随例作埃尘。

——白居易《哭微之二首》（其一）

诗歌两首，清泪两行，生命无常，转眼相聚，转眼分离，不想，再相见，已是你在地下，我在地上，你在黄泉，我在人间。

白色的幡布随风飘扬，尘土可见，却怎么都看不见你离去的背影。曾经我们相聚的画面还依稀在眼前，一起挑灯夜读，一起游山玩水，一起开创新乐府，不知我们交换的诗篇能否承载你进到我的梦里？我还舍不得你，还舍不得你，舍不得你。

次年，元稹葬到咸阳，白居易又亲自为他写墓志铭，之后对元九的思念更是从未停止。用白居易的话说，他们二人的友谊，"金石胶漆，未足为喻。死生契阔者三十载，歌诗唱和者九百章"。

宋代文人杨万里对元稹白居易的深情有这样的感慨。

读遍元诗与白诗，一生少傅重微之。

再三不晓渠何意，半是交情半是私。

——杨万里《读元白长庆二集诗》

唐故武昌军节度处等使正议大夫检校户部尚书鄂州刺史兼御史大夫赐紫金鱼袋赠尚书右仆射河南元公墓志铭：

　　公讳稹，字微之，河南人。六代祖岩，隋兵部尚书，封平昌公；五代祖宏，隋北平太守；高祖义端，魏州刺史；曾祖延景，岐州参军；祖讳悱，南顿县丞，赠兵部员外郎；考讳宽，比部郎中舒王府长史，赠尚书右仆射；妣荥阳郑氏，追封陈留郡太夫人。公即仆射府君第四子，后魏昭成皇帝十五代孙也。

　　公受天地粹灵，生而岐然，孩而巍然。九岁能属文，十五明经及第，二十四试判入四等，署秘省校书，二十八应制策入三等，拜左拾遗。即日献《教本书》，数月间上封事六七，宪宗召对，言及时政，执政者疑忌，出公为河南尉。丁陈留太夫人忧，哀毁过礼，杖不能起。服除之明日，授监察御史使于蜀，按任敬仲狱得情，又劾奏东川帅违诏条过籍税，又奏平涂山甫等八十八家冤事，名动三川，三川人慕之，其后多以公姓专铫其子。朝廷病东诸侯不奉法，东御史府不治事，命公分台而董之。时有河南尉离局从军职，尹不能止；监察使死，其枢乘传入邮，邮吏不敢诘；内园司械系人逾年，台府不得知；飞龙使匿赵氏亡命奴为养子，主不敢言；浙右帅封杖决安吉令至死，子不敢诉。凡此数十事，或奏或劾或移，岁余皆举正之。内外权宠臣无奈何，咸不快意，会河南尹有不如法事，公引故事，奏而摄之甚急，先是不快者，乘其便相噪嗟，坐公专逞作威，黜为江陵士曹掾。居四年徙通州司马，又四年移虢州长史。

长庆初，穆宗嗣位，旧闻公名，以膳部员外郎征用。既至，转祠部郎中，赐绯鱼袋知制诰。制诰王言也，近代相沿，多失于巧俗，自公下笔，俗一变至于雅，三变至于典谟，时谓得人。上嘉之，数召与语，知其有辅弼才，擢授中书舍人，赐紫金鱼袋翰林学士承旨。寻拜工部侍郎，旋守本官同中书门下平章事。公既得位，方将行己志，答君知，无何，有金人以飞语构同位，诏下按验无状，上知其诬，全大体，与同位两罢之，出为同州刺史。始至，急吏缓民，省事节用，岁收羡财千万，以补亡户逋租，其余因弊制事，赡上利下者甚多。二年改御史大夫浙东观察使，将去同，同之耆幼鳏独，泣恋如别慈父母，遮道不可通，诏使导呵挥鞭，有见血者，路辟而后得行。先是明州岁进海物，其淡蚶非礼之味，尤速坏，课其程日驰数百里。公至越，未下车，趋奏罢，自越抵京师，邮夫获息肩者万计，道路歌舞之。明年，辨沃瘠，察贫富，均劳逸，以定税籍，越人便之，无流庸，无逋赋。莹铟年，命吏课七郡人各筑陂塘，春贮雨水，夏溉旱苗，农人赖之，无凶年，无饿殍。在越八载，政成课高。上知之，就加礼部尚书，降玺书慰谕，以示旌宠，又以尚书左丞征还。旋改户部尚书鄂岳节度使，在鄂三载，其政如越。

太和五年七月二十二日遇暴疾，一日薨于位，春秋五十三。上闻之轸悼，不视朝。赠尚书右仆射，加赙赠焉。前夫人京兆韦氏，懿淑有闻，无禄早世。生一女曰保子，适校书郎韦绚。今夫人河东裴氏，贤明知礼，有辅佐君子之劳，封河东郡君，生三女，曰小迎，未笄；道卫、道扶，龆龀。子曰道护，三岁。仲兄司农少卿积、侄御史台主簿某等，衔哀襄事，裴夫人、韦氏长女暨诸孤幼等号护墙，以六年七月十二日葬于咸阳县奉贤乡洪渎原，从先宅兆也。

公著文一百卷，题为《元氏长庆集》，又集古今刑政之书三百卷，号《类集》，并行于代。公凡为文，无不臻极，尤工诗。在翰林时，穆宗前后索诗数百篇，命左右讽咏，宫中呼为"元才子"，自六宫、两都、八方至南蛮、东夷国，皆写传之，每一章一句出，无胫而走，疾于珠玉。又观其述作编纂之旨，岂止于文章刀笔哉？实有心在于安人治国，致君尧舜，致身伊皋耳。抑天不与耶？将人不幸耶？予尝悲公始以直躬律人，勤而行之，则坎壈而不偶，谪瘴乡凡十年，发斑白而来归；次以权道济世，变而通之，又龃龉而不安，居相位仅三月，席不暖而罢去。

通介进退，卒不获心。是以法理之用，止于修一职，不布于庶官；仁义之泽，止于惠一方，不周于四海。故公之心不足也，逢时与不逢时同，得位与不得位同，富贵与浮云同。何者？时行而道未行，身遇而心不遇也。执友居易，独知其心，以泣濡翰，书铭于墓曰：

呜呼微之！年过知命，不谓之夭。位兼将相，不谓之少。然未康吾民，未尽吾道。在公之心，则为不了。嗟哉惜哉，广而俗隘，时矣夫！心长而运短，命矣夫！呜呼微之，已矣夫！

嘴上念着为元稹撰写的墓志铭，眼泪扑簌簌地落下，元稹的人生，让乐天感叹，也让乐天心疼。这五十三年，微之走得太辛苦，太压抑，太悲伤。也许死亡对他是一种解脱，相信忧国忧民的微之现在在极乐世界里，与他的父母、妻子、儿女团圆，弥补生时的遗憾。两个人的回忆，今后要他一个人去怀念……

五十三载的人生，不过千字概括，凉风四起，白幡飘扬，泪水涟涟，多少苦悲，冷暖自知，一人入土，万事成空，赫赫扬扬，起起伏伏，五十三年已过。明日日出如旧，愿不念过往，重聚曾经沧海。